攀登者 ❷

经营者的用人哲学

郑义林 著

机械工业出版社
CHINA MACHINE PRESS

图书在版编目（CIP）数据

攀登者 . 2，经营者的用人哲学 / 郑义林著 . —北京：机械工业出版社，2023.5

ISBN 978-7-111-72950-1

I. ①攀… II. ①郑… III. ①松下幸之助（1894-1989）– 人生哲学 IV. ① K833.135.38

中国国家版本馆 CIP 数据核字（2023）第 058398 号

机械工业出版社（北京市百万庄大街 22 号 邮政编码 100037）
策划编辑：张 楠 责任编辑：张 楠
责任校对：梁 园 王明欣 责任印制：张 博
保定市中画美凯印刷有限公司印刷
2023 年 5 月第 1 版第 1 次印刷
147mm × 210mm · 8.75 印张 · 3 插页 · 140 千字
标准书号：ISBN 978-7-111-72950-1
定价：69.00 元

电话服务 网络服务
客服电话：010-88361066 机 工 官 网：www.cmpbook.com
010-88379833 机 工 官 博：weibo.com/cmp1952
010-68326294 金 书 网：www.golden-book.com
 机工教育服务网：www.cmpedu.com

推荐序一

经营人生的高手

世人都视松下幸之助为“经营之神”，我觉得称他是“经营人生的高手”更恰当。

一

出生于1894年的松下幸之助生活在一个动荡的年代。家道中落，厄运接踵而至，疾病陆续夺走了他的家人，青少年时代的松下幸之助变得一无所有，命运几乎将他逼到绝境。

面对如此逆境，松下先生没有被击倒，反而创造出奇迹。松下先生的一生，正如他自己所说，可以用“变化多端”来形容。从一无所有到成为全世界顶尖的企业家，其间的历程令人感动不已。而我们真正需要向松下先生学习的是他经营人生和事业的态度和智慧。

9 岁开始，松下幸之助离开父母，从最底层的学徒做起，开始了人生旅程。学徒生活结束后，他进入电灯公司工作，22 岁开始独立创业。他在人生旅途中历经千辛万苦，克服了重重困难，终于取得了事业上的辉煌。在世人眼里，松下幸之助功成名就，是一位成功者，但在松下幸之助心中，事业成功不等于实现了人生梦想。他的梦想是通过事业的成功实现某种价值，最终把它转化为对建设美好社会的贡献。

和大多数人相比，松下先生更早地经历了生活的坎坷，见识了人性的复杂多变，这些经历为他后来的经营事业奠定了很好的基础。本书作者用“经营人心，洞察人性”来概括松下先生的用人哲学，独到而精辟。日本作家邦光史郎曾采访过几位被降级的松下电器员工，竟然所有人都一致回答：“这是我自己的错误，也幸亏松下先生给我重新再起的机会。”这不但可以看出松下先生的处罚令员工口服心服，而且他不抱怨、不推卸责任、懂得感恩的精神也感染了员工。

有人说：“松下先生最伟大的地方，就是不露伟大的神气。”我也有同感。但我觉得，松下先生可能根本没有意识到自己是伟大的，所以言行举止才会那么得体自然，甚至可以形容为“纯真”。

松下先生的伟大之处很多，其中之一就是他能够以素直之心观察周围的一切，包括他自己和企业的历史。所谓“素直之心”，是一颗不被任何外力束缚、不为私心所困之心，是一颗能够直达事物本质、顺应发展之心。素直之心是松下先生最推崇的品质和精神。

二

松下先生曾在《经营的真谛》一文中说：“经营，是人类活动的必然现象。只要有人类活动的地方，就有经营。国家需要经营，企业需要经营，家庭需要经营，一个人要完成人生目标，也需要经营。经营，其实就是一种常识，就像雨天撑伞，晴天收伞……”

松下先生是经营人生的高手，他一生留给我们非常多宝贵的思想和智慧。他是一位孜孜不倦的布道者，不遗余力地将毕生的总结和思考，通过他所创办的学校、PHP 研究所、松下政经塾等，传授给更多的经营者。在这个大变革、大转型的时代，不少企业进入发展的困境，正需要榜样的力量和精神的引领。

我很开心地看到我的老朋友郑义林先生也成为一名“布道者”。三年前，他开始研究松下幸之助，并立志以“攀登者”为主题，书写松下幸之助的“经营哲学”“用人哲学”和“人生哲学”三部曲，完整阐释松下幸之助的独特经历和认知体系。翻阅本书，读者可以借助“攀登者”的视角，看见一道极具东方特色的风景线。

最近，郑义林先生再次“向上攀登”，创办了华董书院经营塾，以研究和传播松下经营哲学为使命，在此基础上总结和提炼中国本土企业的经营哲学。我非常期待郑义林先生和华董书院经营塾带给中国企业和企业家更多关于经营的思考。

吴晓波

财经作家

890 新商学创始人

推荐序二

做培养领导者的领导者

古人说："千军易得，一将难求。"现实是：千将易得，一帅难求。

"将"与"帅"，领导者与培养领导者的领导者，要做的事情完全不同，所创造的价值也完全不同。

如果说领导者是一座座高峰的攀登者，那么培养领导者的领导者，就是这些攀登者的向导与教练；如果说领导者要成为王牌飞行员，那么培养领导者的领导者就要成为培养王牌飞行员学校的校长。

正如郑义林先生所说："培养追随者，得到相加的效果；培养领导者，得到倍增的效果。"

既然当"帅"风光无限，可以带来如此大的影响力，那为什么不是每位领导者都愿意培养领导者呢？本书给出的答案是，不是不愿意做，而是很多领导者做不了，他们面临三大挑战：领导者人才难觅、难聚、难留。

这三大挑战如何解决呢？我们可以从松下幸之助的身上寻找答案。松下幸之助毫无疑问是培养领导者的大师，郑义林这本书就从选人、育人、用人，以及松下电器的企业文化、组织制度设计与领导力修炼等角度，全面分析了松下幸之助“以人为贵”的经营哲学。

本书最大的特色是，既有让大家学到就能复制的用人之“术”，也有让大家提升认知的用人之“道”，本书做到了“以道驭术”“术道合一”。

作为国内最早提出新领导力理论，并陪跑过多位企业领导人的教练，我认为：要成为培养领导者的领导者，修炼不仅要持续，更要快速。现在的领导者大多爱学习，你要培养、指导他们，就必须比他们更爱学习，比他们学习成长得更快。这也是我几十年如一日每天坚持精进的原因。

这个世界不仅需要王牌飞行员，还需要能够培养王牌飞行员的校长，需要经过总结、提炼、升华的“道术合一”的教学手册，更需要把这种手册传递给更多学员的教学工作者，很显然，郑义林先生就是其中的佼佼者。

杨思卓

联合国可持续发展贡献奖获得者

列日大学 HEC 列日高商博士生导师

推荐序三

致敬未来的领导者

1979年，松下幸之助创建了松下政经塾并担任第一任塾长，目的是培养代表未来的领导者。迄今为止，松下政经塾历经40余年的发展，培养了大批政商界精英，得到了社会各界的广泛认可与支持。当今，全球正面临着一场巨大的危机与考验，在这个充满不确定性的时代，我们更需要能够引领未来的卓越领导者。

松下幸之助在日本经济起飞期间，作为产业界卓越的领导者之一大显身手。此后，他将毕生经营实践总结为一套“经营哲学”，这套“经营哲学”通过他所创办的松下政经塾、PHP研究所以及大量的演讲、出版物等保留下来，成为造福后世的宝贵精神财富。

今天，很多学者在谈及松下电器的伟

大之处时，不约而同地将关注的重点放在松下幸之助所构建的“选人、育人、用人”的文化系统上，松下先生一生注重“人的成长以及做人方面的成功”。

郑义林先生是松下幸之助经营哲学的研究者。与《攀登者：松下幸之助的经营哲学》一书相比，本书细致入微地讲述了松下先生“选人、育人、用人”的思想和智慧。我们可以通过以下三个方面加以理解。

何为成功者

松下先生认为成功靠的是“运气”和“亲和力”，以及在此基础上的聪慧、勤勉、坚毅等特质。松下先生把经营事业的成功归结为“运气好”，这既是一种谦卑的表现，更是一种人生的态度。“运气好”是松下先生在历经人生艰辛之后，所展现出的斗志昂扬的乐观心态。

松下先生还不断磨炼自己，努力适应复杂多变的社会环境，在这一过程中，他帮助了许多人，也得到了许多人的支持和帮助，包括他的家人、员工、客户、合作伙伴以及很多素不相识的人，并取得了持续的成功。他的成功可谓“成就他人，功在千秋”，他对“成功者”的理解也折射出他深刻的人生哲学。

何为成功的真谛

在谈及成功的真谛时，松下先生曾经在政经塾演讲时说："书读百遍，其义自见。坚持如此，终有一天你会领悟其中的要义。平时要不断提升自己的思想与认知水平，并持续不断地积累实践经验，终有一天会豁然开朗，招来好运相伴。"

松下电器的企业文化自始至终都贯彻着松下幸之助的"人本思想"，倡导基于全新人生观的政治、经营理念，为人类的繁荣幸福和世界和平做出贡献。

何为成功的领导者

在具备了成功者的素质并理解了成功的真谛之后，如何才能成为成功的领导者呢？松下先生常常教导员工和学员：成功的领导者靠的不是知识而是智慧。不要用知识理解经营，而要用心去体会，我们要强调一个"悟"字。

松下先生深受中国古典哲学的影响，非常认同《大学》里关于"修身、齐家、治国、平天下"的说法，他劝诫未来的领导者首先要提高自身修养，努力提升自我，进而才能治理好整个国家。松下先生终其一生所做的努力都是在实践这一理念。

近年来，"黑天鹅"事件频发，大环境的不确定性飙升。作为企业领导者，该如何通过修炼内功提升自己应对外界变化的能力？面对行业和产业周期变化，企业又该如何抓住机会，开辟新的增长曲线？这是领导者需要思考的问题。

身为领导者，或志在成为领导者的人士，时代要求你站稳脚跟，下定必胜的决心，为实现目标倾尽全力，正如本书作者所提出的“逆境生长，垂直攀登”的精神和毅力。

最后，向每一位未来的领导者致敬，向每一位攀登者致敬。

许芳

组织与领导力发展专家

“鹰系”人才培养体系创建者

TCL 集团原副总裁

前言

逆境生长，垂直攀登

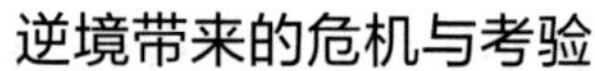

逆境带来的危机与考验

“这是一个最好的时代，这是一个最坏的时代。”狄更斯在《双城记》中的经典语录很好地形容了当下我们所处的环境。全球新冠疫情让所有人深刻感受到这个模糊多变、充满不确定性时代到来，所有人都受到了不同程度的影响。

这样突如其来、始料未及的大自然挑战，如同一份考卷，让习惯于过往游戏规则的我们措手不及。这样的逆境考验的是每个人的生活态度以及应对逆境的方式。在这场持续数年的全球性危机中，有的人选择听天由命，有的人选择主动放弃，当然也有面对逆境选择垂直攀登的勇者。

事实上，逆境一直存在。我们现在的生活真的比过去更容易了吗？也许老人们的回答会让你大吃一惊。逆商理论的提出者、美国著名学者保罗·史托兹博士曾经采访了 200 名 75 岁以上的老人，其中包括他的祖父母。采访的问题是“现代的生活和过去相比，是更容易了还是更艰难了”。

史托兹原以为，老一辈经历过战乱、物资匮乏、医疗技术落后等带来的一系列社会问题，会更加感恩现代社会所带来的全新生活体验。但事实恰恰相反，老人们十分怀念过去的简单生活所带给他们的快乐，以及人与人之间的亲密关系所带来的幸福感。今天，尽管科技更加发达，交通更加快捷，但人与人之间的关系疏远了。竞争加剧、节奏加快、信息超载使得人们担负的压力越来越大，生活变得忙碌而无序，幸福感反而下降了。事实上，科技并没有如想象中一般让人们的生活变得轻松。

史托兹认为，我们每个人都面临着三重逆境的考验，分别是社会、事业和个人。舆论环境对成功的狭隘定义导致了来自社会的逆境；创业环境的动荡、行业的恶性竞争、工作的重重挑战等组成了事业逆境；随着生存成本骤增，经济压力日渐加大，体质每况愈下，一旦“中年危机”来袭，个人心理将更加脆弱，从而出现了最悄无声息的个人逆境。

“等待逆境的风暴结束，就是在等待生命终结。”我们无法选择身处的时代或环境，唯一能选择的是积极地应对。生活也许艰难，但我们应对逆境的方式决定了我们的未来。

放弃者、扎营者和攀登者

面对逆境，选择什么样的应对方式十分重要。

放弃者的典型特征是随遇而安、贪图安逸，遇到困难喜欢逃避，甚至直接选择放弃。放弃者是那些早早萌生退意的人，在某个时刻，放弃者被攀登路上的挑战击倒，放弃了他们更高的追求。他们有意地忽略、遮掩或抛弃了人类向上攀登的基本动力，以及随之而来的生命馈赠。放弃者常常对自己的命运感到痛苦和沮丧，这对他们自己和周围的人来说都是一种不幸。当逆境袭来，放弃者的精神系统会崩溃。

扎营者是攀登了一段距离就止步不前的人。扎营者也曾经奋斗过、努力过，但在他们获得了一定的财富、成就及社会地位后，他们便松懈下来，在原地安营扎寨，不想再攀登了。扎营者为了现在“可能”享有的安全和稳定，放弃了追求最高的理想，也不愿付出更大的努力。之所以说“可能”，是因为这座山还极不稳定，扎营者一旦放弃继续攀登，就会给自己和团队造成不可估量的损耗，他们会逐渐失去斗志，最终也会失去攀登的能力。

攀登者则是致力于向山顶前进，不惧怕前行路上随时可能到来的风暴的人，他们有时甚至选择垂直攀登。他们将人生视为一场长跑，永不止步地探求可能性，毕生追求极致和卓越。他们有一种发自内心的不放弃精神，这能使他们免于被逆境压垮。攀登者是主动做事、主动追求成功的人。他们坚韧不拔，拒绝向失败低头；他们喜欢挑战，拒绝在工作或人际关系中扮演无足轻重的角色。正因如此，他们能够从每一次挑战中学习并成长，然后持续向上攀登。

为攀登找到意义

正如为生命找到意义一样，攀登者们总是在尽一切努力为攀登找到意义。正如著名登山家艾德温·伯恩鲍姆所说的：抓住一切机会寻找意义。

梭罗说："最害怕死亡的人，是那些知道自己从未真正活过的人。"尼采表示："如果一个人知道自己为什么而活，他就可以忍受生活加诸他的一切苦难。"攀登者们正是清醒而坚定地仰望着目标的人，他们忍受着人生的诸般磨难，一往无前。

在有限的生命里选择攀登哪座山峰，也许是我们要做出的最重要的决定。在理想情况下，攀登会给你带来挑战，激发卓越，丰富你的精神世界，还能让周围的人受益，留下让他人追随的宝贵财富。

当你向山顶攀登时，生活会变得更有意义，你的角色会变得更加重要。最终，你的信仰和强大的意志力将使你忠于自己的山峰，并且激励很多人一起攀登。所以，请攀登你的山峰，它让你变得强大，让你永不松懈。

正所谓，逆境生长，垂直攀登！

目录

松下幸之助用人哲学的三个密码

要问企业经营者的烦恼是什么，我相信很多经营者的回答最终会落在“人”的问题上。作为经营者，经常会遇到这些问题：把谁分配到什么岗位？将谁跟谁搭配在一起工作？对于不能充分发挥能力的员工该怎么处理？老员工懈怠了怎么办？如何持续激励员工？

因为人事工作和每个人息息相关，所以最能体现企业对员工的态度。但是，不是有了完备的制度体系就一定能解决所有问题，如何用人本身就是一件很困难的事情，也是很多企业经营者所烦恼的事情。

我用“经营人心，洞察人性”这八个字来概括松下幸之助用人的至高智慧。在揭开松下幸之助用人哲学的核心密码之前，得先了解松下先生对于“人的本质”的观点，或者说是对“人类的本性”的理解。他认为“人的本质是创造者”，是人类创造了今天的世界，人的智慧和潜能是无穷无尽的。

1951 年，松下先生提出他的人类观：“最重要的一点是要认识到人是伟大的存在，人皆王者！”“对经营者来说，最重要的是如何看待人、理解人。对此没有深入内心的理解，经营就不可能取得巨大成功。”

松下先生一生都在实践着“以人为贵”的经营哲学，这一底层思想奠定了松下电器的百年基业，也成为松下电器人事工作的最高指导思想。

密码一：人才是需要被教育的

经营者需要定义“人才的标准”

松下先生一直强调企业即人，如果不先培育人才，企业就无法获得发展。那么，企业究竟要培育什么样的人才呢？人才的标准是什么？

一言以蔽之，企业经营所需要的人就是这个企业的“人才”。松下电器对人才的定义是能正确理解公司的基本经营方针，并努力实践自己的使命，以达成公司使命的人。

在此基础上，松下幸之助逐步总结并明确提出松下电器选择人才的“十大标准”：不忘初衷且虚心向学的人；不墨守成规且有新观念的人；爱护公司且和公司成为一体的人；能为团队着想的人；能做正确价值判断的人；有自主经营能力的人；随时随地都有热忱的人；能得体向上管理的人；能自觉担负职责的人；有气概担当公司经营重任的人。

这十大标准是松下幸之助人才观的体现，也是松下电器选择人才和教育人才的标准。当全体员工理解这十大标准后，也会在工作中默默地朝着这个方向努力。

“人才”要认同企业的使命和经营理念

企业的核心团队必须高度认同企业的使命和经营理念，大家的目标要高度一致，做事的原则和价值观要高度一致，这样才能成就一家有灵魂的企业。相反，核心团队的价值观不一致，最终必然导致分裂。在现实中，我们常常看到企业合伙人关系破裂，这大多源于价值观的差异，解决这一问题的关键是开展企业教育。

松下先生说：“企业教育培养的不是学者而是临床家，企业教育的根本目的是为企业经营服务。”企业教育首先要注重的是员工的思想教育和精神教育，只有思想统一、精神一致，才能真正做到“人尽其才”。

为了强化全体员工的精神教育，松下先生提出“松下七精神”：产业报国之精神、光明正大之精神、团结一致之精神、奋发向上之精神、礼貌谦让之精神、改革发展之精神、服务奉献之精神。“松下七精神”是松下电器的精神灯塔，塑造了松下电器的核心价值观。

秉持三个原则教育员工

松下电器秉持三个原则教育员工，这三个原则涵盖“人生观”“事业观”和“社会观”，具体如下：

第一，要教育员工有正确的“人生观”，人生的意义和价值是不断地向上攀登，并树立起“利他”的价值观。

第二，要教育员工有正确的“事业观”，不断精益求精，凡事只要全力以赴，一定会有解决办法。

第三，要教育员工有正确的“社会观”，助人为快乐之本，并以服务社会、为社会创造价值为荣。

密码二：人心是需要被激励的

人心是复杂而微妙的，若激励得当，就可以最大限度地发挥人的能量

松下先生相信人拥有无限的潜力，并不断地探究人性本身。他说：“人是复杂而微妙的，具有很难把握的一面。每个人都不同，即使同一个人，他的内心也在时刻变化着，呈现出千变万化的状态。没有比人心更复杂的事物了，经营者如果激励得当，就可以最大限度地发挥人的能量。”

热忱胜于一切，要从平凡人身上收获不平凡的成果

缺乏热忱的人，能力是不会有所提升的；而满腔热忱的人，其能力与热忱会呈正比增长。一个人的能力虽然只有60分，但热忱程度达到80分甚至100分，这时就可以不断地把事情交给他，这种信任的力量非常巨大，

可以收获不平凡的成果。

松下电器曾花了整整五年时间将电池卖给丰田公司，而跟进并促成这件事的，竟然是松下电器营业部的一名普通员工。这名员工抱持着极大的热忱，在五年时间里持续上门拜访，拼命地推荐丰田汽车采用松下电器的国际牌电池。尽管总是被拒绝，但这名员工毫不气馁，最终这份坚持有了结果，丰田公司同意给松下电器机会，并逐渐从小批量的合作扩展到整个供应链的全方位合作。这名普通员工为松下电器做出了巨大的贡献。

激励分为长期激励和短期激励

长期激励靠企业使命、愿景、核心价值观，靠企业文化系统，靠公平完善的组织制度等。短期激励也被称为“即时激励”，主要靠奖金、荣誉、掌声等。

松下先生在长期激励方面做了大量的探索和创新：提出了“产业人的使命”以及“松下电器250年的经营愿景”；在日本首创事业部制，提出“人人皆是经营者”，并在授权层面和员工自主经营上给予最大限度的努力；与员工建立一种信赖关系，而这种信赖关系就是最低成本的长期激励。

在即时激励方面，松下先生有一种非常有用的方式，那就是鼓励员工自由发言，自由发表意见和想法。这种激励方式成本最低，也最有效。因此，领导者要经常走到基层，以坦诚之心倾听一线员工的声音，或征询他们对某一问题的看法。

密码三：人性是需要被管教的

欲望本无善恶，要让欲望得到正确的满足

松下先生说："欲望本身并无善恶之分，欲望是人类生命力的表现形式，欲望的满足应被予以正确引导。"

如何让欲望得到正确的满足？松下先生认为"信赏必罚"，意思是有功劳的一定要奖赏，有过错的一定要惩罚。及时、适度地奖惩，人性善的一面会被激发，恶的一面会被遏制，这也是松下先生能深刻洞察人性的地方。

企业要有"底线原则"

一个人要有底线才会被他人信任，才不容易出事。同样地，一家企业一定要有底线原则才不会突然倒塌。

松下电器实施事业部制，事业部可以自主经营、独立核算、自负盈亏，事业部长拥有很大的权力。那么，松下先生是如何管控这些事业部长的？最关键的是管好财

务。松下先生曾派出1500位财务人员到各事业部做财务和审计工作，并制定了《松下电器会计准则》，确保事业部长遵守基本规则，防范道德风险。

半个多世纪前，松下先生提出用人哲学的三个核心密码——“人才是需要被教育的”“人心是需要被激励的”“人性是需要被管教的”，这三个密码在今天看来依然没有过时。“经营人心，洞察人性”的经营智慧和用人哲学，在当今商业世界依然熠熠生辉。松下先生是当之无愧的“跨越时代的经营者”！

招兵买马的秘诀

优秀的创业者深切地认识到，企业的组织或管理方式固然重要，但真正关键的，还是能否拥有优秀的人。如果没有合适的人承担岗位职责，那么企业的一切经营活动都无法开展，更无法取得经营成果。

松下幸之助深谙人才之道。在松下电器创立之初，他就非常注重寻找人才，而当松下电器已经发展为庞大集团的时候，松下先生更加注重人才的培育工作，他提出“造物先造人”的育人理念，以及“企业即人，人即企业”的八字箴言。松下先生强调人才可遇而不可求，经营者需要以最诚恳的态度不断访求人才，尽管经营者无法做到事事如刘备“三顾茅庐”般诚心，但还是要尽力而为。

人才对于企业的成败非常关键，但人才又不是随求随得，所以松下先生认为，最可靠的办法就是企业自己培养人才。企业内部培养人才是一项长期且持续的工作，需要时间和资源的投入，这看似是一件不划算的事情。但松下先生认为，这种“造就人才”的机制恰恰是推动企业发展的原动力。因而，松下先生认为，松下电器是造就人才的公司，兼制造电器产品。

本章重点讲述松下幸之助的选人之道。

以最诚恳的态度寻找人才

> 寻找人才要有一双“慧眼”，还要尽心竭力。有时，还需要那么一点“缘分”或是“运气”。

企业的经营者都希望找到“一流人才”帮助自己拓展业务，从而达成事业上的成功。有的经营者比较幸运，很快招揽到合格的人才，但多数经营者很难如愿。因而，不少经营者将事业的失败归因于人才的缺失。

关于这个问题，松下先生认为，尽管每一位经营者都渴望得到人才，但是人才往往是可遇而不可求的。松下先生认为，寻找人才要有一双“慧眼”，还要尽心竭力。有时，还需要那么一点“缘分”或是“运气”。

松下先生小学四年级辍学后就开始了学徒生涯，他没有受过多少正式教育，自认为没有多少才华，所以在经营事业的过程中，更显得求才若渴、惜才如命。

至于如何识别人才？松下先生认为不能单凭外表或主观感觉判断一个人，识别人才往往需要一两年时间，甚至是更长的时间。所以，求才千万不能操之过急，那种“明天要用，今天就要找到”的想法是行不通的。经营者如果能找到心意相投、能力互补的人才相助，那当然是最值得欣慰的事。

松下先生表示，一般来说，我们遇到的十个人中，总会有那么两三个和自己比较投缘的，然后会有四五个平平庸庸、见风使舵的，当然也难免会有一两个性格怪异、与我们格格不入的。也许有人认为，有不同意见的部下会影响业务的开展，但在松下先生看来，这是多虑的。适度地宽容不同的声音，反而能让工作更顺利地开展。

一般来说，十名下属中能有六七人和领导者心意相投，理解并支持领导者开展的工作，自然是最好的结果，但这实际上是很难达成的愿望。不过，若十名下属中有六七人持反对意见，遇见这种情况，领导者就要十分谨慎，要深刻反省自己的经营方式和处事态度是否得体。

经历了 60 余年的经营生涯，松下先生总结出这样一个心法：既然用人，就必须充分地信任人，然后才能获得对方全心全意的追随。人才固然不可强求，获得人才也得靠运气，可是唯有经营者以最诚恳的态度努力寻找，用心“爱才”“用才”，运气才会真的到来。

最好不要挖墙脚

某销售公司为了迅速达成业务扩张的目标，用三倍薪资从某知名集团挖来一整个销售团队。起初，这个新团队确实给公司带来了不少新业务，然而，问题也随之而来：这个团队不仅经常无视公司的规章制度，团队成员还要求公司再度加薪50%，否则就跳槽去竞争对手那里。这可让公司头疼不已，甚至开始怀疑当初的挖人行为了。类似的案例不胜枚举。

松下幸之助一向反对企业采用“挖墙脚”的方式招揽人才。他认为，经营者要经常换位思考，将心比心，假如你的员工被人挖墙脚，你会有何感想？因此，他始终反对这种做法。能够轻易被挖来的，同样也容易被其他公司挖走，这样的人才算不上真正的人才。只是因为薪资更高就跳槽的人，更是不能被重用。企业用人不能成为一场交易，如果只是一场交易，那么注定会失败。

企业吸引求职者的手段，不应只是高薪，更是企业所树立的经营形象和经营理念，这样吸引来的人才是真正认可企业的，愿意与企业同甘共苦、共同发展的。只要求职者有诚心、肯努力，认可企业的经营理念，企业不一定非要用有经验的人，经验是可以通过一件件工作积累起来的。

企业与员工应该建立一种互相信赖的关系，这一点非常重要。“挖墙脚”不应该成为一家优秀企业寻找人才的方法或手段，更不应该成为一种风气。

◎ 启发与思考

1. 作为经营者，你是如何辨识人才的？你是否相信松下先生所说的“缘分”或“运气”？

2. 你是如何评价松下先生关于“挖墙脚”的观点的？假如你所需要的人才正好在竞争对手或合作伙伴那里，你会作何选择？

什么是真正的“人才”

> 松下电器的人才，是能正确理解公司的经营理念，认同公司的基本经营方针，努力承担自己的责任，贡献自己的价值，以达成公司使命的人。

松下先生一直强调企业即人，如果不先培育人才，企业就无法获得发展。那么，企业究竟要培育什么样的人才呢？什么样的人对企业来说才算真正的“人才”呢？这是首先需要研究和回答的问题。

不同企业对于人才的定义可能有所不同，但若用一句话概括“人才”是什么，我认为人才是企业经营所需要的人。进一步解释，人才是能为企业创造价值、达成企业经营目标的人。从某种意义上讲，一个人是不是“人才”，不是由他自己决定的，而是由企业的需求决定的，企业依据经营的最高指导方针以及所处的阶段决定需要什么样的人才。常常会有这样的情况出现：某一家企业所认定的“人才”，在别的企业却被视为多余的。

关于这一点，松下电器前副社长中尾哲二郎讲述了一段关于如何加入松下电器的有趣往事。

中尾副社长形容加入松下电器的经历是一种相当不可思议的缘分。1923年，日本大地震，中尾变得无家可归，一个人流落到大阪。当他已身无分文的时候，在一份报纸上一眼看到松下电器的招募员工小广告。

那时的松下电器刚刚起步，还没什么知名度。中尾看到那则广告时，虽然不知道松下电器到底是一家什么样的企业，但他觉得广告上面的“电器”二字特别有吸引力，于是决定去面试。到了大开町，中尾才知道其实不是松下电器在招聘，而是松下电器的合作伙伴Z工厂需要人。

一到Z工厂，中尾惊讶地发现，这家工厂只有老板一个人。如果中尾加入了，他就成了唯一的员工。中尾做的工作是制作当时松下电器生产的插座和其他电器的接口，也就是叫作基底螺丝金属的部分。

至于工资，日薪是1元，少得只够吃饭的钱。流落到大阪前，中尾在东京的工作月薪是90元。面对如此巨大的差距，中尾抱着“既来之，则安之”的心态认真地工作起来。

中尾回忆说，如果当时嫌日薪 1 元太少而辞掉工作的话，他后来就不会进入松下电器了。所谓的人生，所谓的缘分，实在是很不可思议。

随着作业开展起来，生产接口的模具逐渐被磨损，Z 老板要中尾去东京找人做几个模具。中尾是学技术出身，他看了下模具，说他会做，不需要去东京购买，但需要借来车床。于是，Z 老板安排中尾去松下电器的修理工厂借车床，模具的事情得以顺利解决。

此后，因为 Z 工厂只有中尾一名员工，他越来越毫无顾忌地提出各种意见、发表各种“提案”。Z 老板越来越不耐烦，觉得中尾太年轻，又喜欢讲大道理。最后，Z 老板被中尾惹火了，就直接把他辞退了。

这件事情传到了松下先生那里，松下先生约见了 Z 老板说：“这种会修理制作模具的人，由我的修理工厂来雇用他吧。”就这样，中尾进入松下电器工作。

对于中尾这样的人才，Z 老板和松下先生有着完全不同的看法。Z 老板认为中尾这个人不听话，反而总和老板抬杠，喜欢发表反对意见，这些都是 Z 老板所不能接受的。而松下先生恰恰相反，他认为中尾有主见、有趣，正好是松下电器所需要的人才。戏剧性的是，中尾的命运也由此改变。

世有伯乐，然后有千里马。一匹能跑千里的名马，若没有遇到能赏识它的伯乐，那么，这匹千里马将无法发挥它的才能。松下先生就是伯乐，他赏识中尾的才华，中尾因而得到重用，后来一直效力于松下电器。

一家企业不可能也不需要完全由能力超强的人组成，就像一支水平很高的球队，虽然由能力不同的队员组成，但能发挥整体的作战能力。

松下先生认为，企业的人才安排要根据企业不同的发展阶段来，不能操之过急，否则容易水土不服。松下电器刚创立时，只敢招募小学毕业的人；后来发展到一定规模，才开始招募中学毕业的人；再后来才陆续招募专科毕业的人。企业不一定非要招募能力超级强的人，只要能胜任相应的岗位即可；企业也不需要把每一名员工培养成超级人才，这是不现实的，企业里有各种工作任务，只要能培养出相应的人承担就可以了。

那么，松下先生是如何定义人才的呢？

松下先生多次明确提出：松下电器的人才，是能正确理解公司的经营理念，认同公司的基本经营方针，努力承担自己的责任，贡献自己的价值，以达成公司使命的人。

“正确理解公司的经营理念”是指能够正确理解公司的使命、愿景和价值观。在此基础上，需要遵循一套经营系统，即“基本经营方针”。“努力承担自己的责任”，即在职权范围内尽全力贡献自己的价值，最终帮助公司达成经营的目标。

人才可分成两种类型：一种是“长期人才”，也被称为“核心人才”或“战友型人才”；另一种是“短期人才”，也被称为“阶段性人才”。

长期人才的价值体系与企业高度一致。一般来说，企业的核心管理干部是长期人才，长期人才是需要企业自己去培养的，是很难挖来的。

当企业发展到某个阶段，需要一些能帮企业解决关键性难题，或者在某个层面上帮助企业迈上一个新台阶的人，他们可能不适合长期在这家企业工作，但他们至少可以帮助企业解决某个阶段的问题，这种人被称为短期人才。企业和短期人才的交换其实很简单，给他们足够的报酬，让他们把企业想解决的事情办好即可。

以刘邦为例，萧何、张良绝对是刘邦一辈子的长期人才、长期战友，他们三人之间是没有异心的。但是很明显，韩信被刘邦视为阶段性人才。所以，尽管刘邦对韩信有所不满，尤其是当韩信打下了山东，要求刘邦把他封为“假齐王”的时候，刘邦很生气，想把他给骂回去。萧何发现了问题，踩了刘邦一脚，刘邦马上明白了。这个时候如果骂韩信一顿，韩信可能就真的独立了。所以，刘邦在拍案而起的同时，马上改变了口风说：“封封封，要封就封个真王。”韩信变成了“真王”，觉得刘邦对自己很好，最后带兵从山东南下，帮助刘邦设下“十面埋伏”，消灭了项羽。由于韩信是阶段性人才，汉帝国建立后，刘邦就把韩信灭掉了。当然，刘邦这样做是很不厚道的，但历史事实就是如此。

松下先生强调，企业的长期人才要靠自己培养，而对于阶段性人才，则要使其发挥长处，企业还要善待已经离开的人才。

◎ 启发与思考

你的企业是如何定义“人才”的？你又是如何区分“长期人才”和“短期人才”的？对此，你总结出哪些“人才观”？

松下选才的十大标准

松下先生总结的松下电器选择人才的“十大标准”是松下电器选择人才的“秘方”，其中蕴含着朴素而又内涵深刻的东方智慧。

标准一：不忘初衷且虚心向学的人

> 人类如果失去谦虚，那么信念或自信就会变成自大。这是最需要警觉的。

松下先生是一位经历无数风雨、取得很多成就的企业领袖，但他却始终保持着谦逊的态度。他所抱持的经营信念也是一种建立在谦逊之上的确信。松下先生认为，人类如果失去谦虚，那么信念或自信就会变成自大。这是最需要警觉的。

松下先生始终保持危机意识，他强调，做大后的松下电器最担心的是员工，尤其是资历较深的中高层管理人员非常容易自满，总觉得自己无所不能，公司无所不能，这种心态是很危险的。松下电器能取得今天的成就，离不开社会大众和客户的支持，松下人要常怀感恩之心，以期对社会有更多的贡献。如果忘掉使命感，认为是靠自己的力量才使公司发展壮大，靠着自己的能力才爬到今天的位置，这就是骄傲自满。有这种心态的人一定无法再进步。

1960 年 1 月，松下先生在电机事业部发表了如下演讲：

我虽然生活经历比你们丰富，但论聪明才智，我却远远比不上你们。我小学四年级没读完就离开家当了好几年学徒，体验了人生的种种悲欢离合。论年纪、身体、精力，我都不及你们，现在日渐衰老，疾病缠身，记忆力也变差，没有一样能超过大家，这是事实。结果，最差的我当了领导，所以为了我们共同的经营事业，我必须要发挥你们的才智，听取你们的意见，尽量授权给你们去做……今天我能成为松下电器的社长，又能取得小小的经营成就，完全是全体员工的功劳。

1951 年，走过五年艰难时期的松下电器宣告“从今天起再度开业”。松下先生向全体员工庄严宣布要回归初衷，以谦虚之心“重新开业”。

“重新开业”有两层意思，一是不要忘记初衷，就是最早创业的初心，因而要以创业初心为基础；二是要重新开始一段创业之旅，放下过去的成就，放下过去的包袱，以新开业的心态来经营。如此，必然会变得谦虚。

松下电器又回来了，创业的激情再度回归，创新精神被再次点燃。

“重新开业是生成发展观的表现。所谓生成发展观，就是旧的事物毁灭了，又生成新的事物，所有的事物都在不断地生成变化。这是自然的法则，也是宇宙永恒不变的规律。因而，企业经营也要遵循生成发展观，以日新月异为心愿，顺应自然法则。”

松下先生将 1951 年定义为松下电器“重生”的一年，即“重新开业”。刚创业时，每个人都会非常用心，兢兢业业，服务态度也相当好。可是，企业一旦做大了，取得一些成绩，经营者和员工就开始松懈，服务态度开始变得懒散。这时，经营者要警醒，而通过重新开业的方式，可以唤回全体员工刚创业时的热情，让大家不忘初心。

标准二：不墨守成规且有新观念的人

> 不墨守成规且具备新观念的人，是企业所必需的人才。

在松下电器，无论开展什么工作，全体员工必须要牢牢谨记并严格遵守的一样东西是基本经营方针。基本经营方针是方向和准则，也是企业的定海神针。离开了基本经营方针，所有的创新都变得如浮萍般失去了方向。以基本经营方针为根基，再加上个人的创新，这样既可以保证创新在对的方向上，又可以让创造力尽情发挥，这正是松下先生的高明之处。

正如松下先生所说，不墨守成规且具备新观念的人，是企业所必需的人才。

松下先生在一次内部经营方针研讨会上说道："过去，我经常遭到各位的埋怨，说社长的想法每天都在变，昨天说的事今天又不一样了，这样就无法专心工作了。当时我解释说，这并不是改变，不能把这理解为善变或多变，这是一种进步。很多事情早上认为很好，到了晚上就已经落伍了。"

松下先生提出人才应该在日新月异中进步。每个人的认知要不断地提升，每个人的工作必须时时在进步。"过去，松下电器有幸得到全体员工的协助，已经有了相当的成果，不过，我认为今后是否会持续过去的好景，仍然是一个问题。过去做得好的，我们不能说今后仍然会很好。还是必须不断地建立新的观念，不落伍于世界，不落伍于时代，并以新观念为基础推行一切工作，这样我们才有机会成就 250 年的经营愿景。”

标准三：爱护公司且和公司成为一体的人

> 能和公司甘苦与共的人值得培养和提拔。

由于文化差异，欧美国家的人更加注重“个体意识”，当他们被问及从事什么样的工作时，一般会回答“程序员”“设计师”“销售员”等职务，然后再回答自己所从事的行业，最后才可能提及自己所在的公司。甚至公司信息对他们来说属于“隐私”，他们或许并不愿意让别人知道他们在哪里工作。很多欧美人对于公司并没有什么归属感，对他们来说，工作只是公司与员工之间的价值交换，跳槽是十分正常的事。因此，他们是没什么“公司意识”的。日本人在这方面就不同了，他们很注重“所属公司”，以及员工在外面是如何评价所在公司的。

松下电器创立早期，松下先生都会亲自接待其他公司委派过来谈合作的业务员。松下先生有一个习惯，就是仔细观察、认真聆听这些业务员是如何看待自己的公司或是老板的。有的业务员会不自觉地表达自己对公司的不满，比如，我的公司问题很多，我的老板不行，甚至是毫无顾忌地批评公司。遇到这样的业务员，松下先生会直接选择不合作，因为员工在外面说自己公司的缺点，这样的公司肯定不值得合作。当业务员以自己的公司为荣，处处流露出对上司的敬仰，对公司产品的信心之时，松下先生就会对这家公司特别感兴趣。毕竟，员工能在外面赞美的公司，才是值得信赖的公司。

松下先生一向认为，公司老板与员工应该是一体的，是一艘船上的伙伴，为了达成共同的目标，无所谓谁是老板，谁是雇员。因此，当他听到有员工在外面说自己公司不好时，就像是小孩在外面说自己母亲长得丑一样，是不能接受的。尽管这是别人公司的员工，但松下先生认为，这样的公司大概率也没什么信用可言。

松下先生强烈倡导要认真培养员工的“公司意识”，员工要能具有和公司同甘共苦的精神，“公司意识”愈强烈，员工的归属感和主人翁意识就愈强。“至于大家是否有公司意识，我认为首先是领导者的责任。如果领导者对公司意识不加重视，员工们大体也不会产生强烈的共识；相反，如果领导者日常注重培养员工的公司意识，并表彰表现突出者，大家会逐步形成共识。”

在每年一度的新员工入职典礼上，面对一群刚刚走出校园、踏进公司的新员工，松下先生都会发表激情澎湃的演讲，演讲的主题一般会聚焦在教导员工要和公司甘苦与共。在松下先生看来，这是教导新员工通向未来的成功之道。

一般来说，入职第一天员工见到的、听到的是一生中最难忘的记忆。这一天，员工回到家中，父母、长兄一般会问：“这家公司怎么样啊？你有什么感想？”

“非常棒，今天我们社长的演讲特别精彩，我听到了公司的发展历程、经营理念，以及未来的方向，这家公司比我想象得还要好，我很有信心，努力工作，争取有一个好的表现。”如果父母听到的是这样一番话，相信这名员工已认可公司的文化和理念，并开始培养“公司意识”。员工有亲戚、同学，还会去拜访客户，当他每次谈起自己所在的公司时，都能发自内心地赞美，那么，他也会感染到其他人，客户也会更愿意跟这样的公司合作。如此坚持一年、五年，甚至十年，这样的员工一定会被重视、被提拔，从而更好地发挥他的才智。

“能和公司甘苦与共的人值得培养和提拔”，这是松下先生的观点。

标准四：能为团队着想的人

> 松下电器所需要的人才，是在工作时不光想到自己，更能经常考虑团队的人。

个人与团队的关系如同鱼与水的关系，鱼离开了水，哪怕有再强的本领也失去了用武之地；而水没有了鱼，也会失去光彩。企业固然需要能力强的人，但一个人的成功离不开其他人的支持和协助。如果团队中每个个体都很强，但各自为战，团队力量就会变得分散，团队就不会有战斗力。

以体育运动为例，集体项目都需要分工与协作，在NBA联盟中，团队意识更好的队伍一般都是强队。如果从各个联盟中挑选最强的球员组合在一起，不一定是一支强队，因为这些人聚在一起，很可能各自为战，最后变成一盘散沙。所以，团队的整体战斗力是一种组合，发挥出团队的力量，才能有好成绩。

企业也是同样道理。只有个别能力超强的人，整体团队缺少协作精神，经营事业也是很难有成果的。我们不仅要培养个人能力，更要注重培养团队能力。所谓的团队精神，不仅适用于部门内部，更适用于跨部门之间、事业部与事业部之间、内外部之间。团队精神的基础是挥洒个性，就是发挥个体的优势；团队精神的核心是协同合作，社会学实验表明，两个人相互协作、优势互补，其工作绩效明显优于两个人单干时绩效的总和；团队精神的最高境界是所有人都有奉献精神，每个人在自己的岗位上尽心尽力，又具有责任意识和奉献精神。

松下先生说："松下电器所需要的人才，是在工作时不光想到自己，更能经常考虑团队的人。"

松下先生在总结第一个"五年计划"取得的丰硕成果时，强调成果是全体员工团结一心、通力合作的结果。

松下先生经常勉励员工，在取得成就的时候，不要忘记他人的协作，以及背后默默付出的人。

"太棒了，同事们都很努力，在一起完成目标的感觉真好。"松下先生将这种彼此欣赏、相互支持鼓励的精神称为"崇高精神"。

"一家公司里有没有这种崇高精神，足以左右这家公司的未来。每个人都希望自己的努力和付出可以被看到，所以，当各位的努力被看到并得到别人感谢的时候，你会倍感温暖。相反，当努力被忽视的时候，会倍感孤寂、伤心。究竟你是拥有一颗温暖有力量的心，还是一颗孤独受伤的心，这其实是人生的大问题。”

松下先生的做法是培养员工彼此交换感谢，表达欣赏，以此形成一种“人人常怀感恩之心”的企业文化。

标准五：能做正确价值判断的人

> 企业如果不能培养在各方面有正确价值判断的人，那么聚合起来的员工不过是乌合之众。

松下幸之助认为，让每一名员工有正确的价值判断是培育人才的大命题。企业如果不能培养在各方面有正确价值判断的人，那么聚合起来的员工不过是乌合之众，这样的企业，永远不会有多大的成就和发展。

价值判断的内涵是多元的，宏观来看，价值判断是对世界的看法、对人类的看法和对社会的看法，即世界观、人类观和社会观；微观来看，价值判断是对工作和事业的看法，即工作观和事业观。

松下先生建议，培育员工做出正确的价值判断需要做两件事。一是员工要有探索真理的强烈意愿，这种意愿会产生研究的兴趣和热情。二是要培养员工拥有素直之心。所谓“素直之心”，即不被任何外力束缚，能拨云见日看清事物本质的心。正是因为有这颗素直之心，我们拥有认清真相的能力。

二战后，日本社会陷入混乱，人们变得迷茫，可以说这是一个人们不知道什么是正确、什么是错误的时代。很多生产活动被停止，失业的人越来越多，也发生了很多饿死人的事件。

面对这样的情况，松下先生认为，人类本来是一种非常崇高而又尊贵的存在，本来应该追求和平、繁荣和幸福，这是全人类的共同目标和理想。为了倡导他的理念，1946 年 11 月，他发起并成立了 PHP 研究所。PHP 由英文“ Peace and Happiness through Prosperity”的大写首字母组成，意思是“通过繁荣实现和平与幸福”。

PHP 研究所成立后，松下先生相继出版了《繁荣之本》《人生的意义》《人性》《经营的目的》《善与恶》《人类的天命》等著作，还发表了《新人类观的提倡》和《新人类之道的提倡》等文章。

“我们应该彻底检讨过去的错误和失败，以更合适的姿态走上实现真正的繁荣、和平与幸福的未来道路。这才是人类长久以来的使命与人生的意义，这也是 PHP 研究所的基本理念。”PHP 的成立在日本社会引起了广泛的关注，也让民众重新思考什么是正确的，什么是错误的。

松下先生曾坦言，圣人可以轻易知道“什么事物具有什么价值”，可是大多数人都是凡人，不是圣人，因此不能无所不知。只是知道，如果凡事都能有正确的价值判断，那就太好了。

标准六：有自主经营能力的人

> 企业要寻找“拥有自主经营意识和经营能力”的人。

松下先生说，员工如果只是照上司所交代的话工作，每个月等着领取一份工资的话，这样是很难有作为的。尽管不是每位员工都能成为社长，但每一个人都要以准备担任社长的心态做事。假如一家公司由成百上千位具备这样心态的人共同经营事业，那么这家公司将是何等强大。因而，松下先生认为，企业要寻找“拥有自主经营意识和经营能力”的人。

关于“自主经营意识和经营能力”，松下先生讲述了A君的故事。

有一次，A君因公司业务来到松下电器，在交谈的过程中，A君说：“松下先生，东京现在有一家工厂，您要不要买下这家工厂呢？我觉得这家工厂很有希望，如果您买下来的话，一定会成为一次很棒的合作。”

接着A君一直侃侃而谈，对这家工厂做了认真详细的解说。松下先生十分佩服，也认可A君的建议，然后笑着对A君说：“我知道了，既然你这么大力推荐，我就买下来经营看看吧。不过我有一个条件，就是买来后由你来担任这个事业部的部长，如果你能答应，我就买下来。”

A君没有任何迟疑，马上就拒绝了，他说：“松下先生，这个我可不能答应，因为我是社长，不能辞掉现在的工作。”

“啊？你说你是社长吗？你不是普通职员吗？”松下先生不解地看着A君。

“哦，我是职员没有错，可是我却抱着是社长的心态在工作，社长可是不能到别的公司去的。”

听完A君的话，松下先生哈哈大笑，他对眼前这个人的敬佩油然而生，他内心萌生的想法是松下电器需要这个人甚至胜过收购那家工厂。

然而，松下先生有一个理念，就是不做挖别人墙脚的事，但他又觉得收购东京的工厂确实很需要A君，那要怎么做才妥当呢?

松下先生思虑之后决定:不是偷偷摸摸地挖墙脚,而是光明正大地去谈,并且愿意因此认A君为义子,对他加以重用。

松下先生托了一位熟识A君公司社长的朋友Q君去谈,谈判的理由是松下电器确实很需要A君,而且松下电器与他们公司未来会有更多的业务合作,A君正好可以成为双方的桥梁。

Q君很快找了那家公司的社长,结果对方说:"不能让这个职员离开,即使是松下先生,也不能妥协。"

松下先生知道后就想打退堂鼓,可是Q君却不肯放弃,他又多次跑去找那位社长谈:"您就把A君让给松下先生吧,松下先生要收他为义子。如此一来,你的公司很优秀,而松下电器发展壮大了,将来总会有需要彼此提携的时候,到时A君就可以促成两家公司更多的合作。这会是个大生意啊,我们一起来做大生意吧。"

那位社长最后被Q君的诚意和热心所感动,终于答应了。后来,A君加入松下电器,被提拔为事业部长。

A君因为始终抱持着自己是社长的心态和志向做事,所以自主经营的能力不断得到提升,更重要的是,他得以承担更多的责任,最终真的成为分公司的社长。

标准七：随时随地都有热忱的人

> 如果工作没有热忱，人就会像豆腐一样软绵绵的；如果生活没有热忱，人就会充满焦虑和困惑。

能力重要，还是热忱重要？可能你会说两者都很重要，但如果一定要有先后顺序的话，松下幸之助认为：热忱第一，能力第二。

松下先生受到老子《道德经》中关于“道”的启发。老子说，人法地，地法天，天法道，道法自然。即人以地的规则行事，地以天的规则行事，天以道的规则行事，最后道归于自然。道法自然强调道的本性就是自然而然，道法自然对于个人来讲，就是要找到自己内心真正热爱的事业。松下先生经营事业时充满热忱，就是顺着自己的“道”在做事。

松下先生的信念是：“松下电器的事业是为社会、为大众生产更多物美价廉的好产品，同时，为了让追随的员工过上更好的生活，我有百分之百的热忱做好这件事，我的工作很有意义，我有非做不可的决心。”

松下先生常常拿爬楼来做比喻，他说，一群人想上二楼，但没有楼梯，此时，非常热切想上二楼的人自然会想方设法，这群人就会发明梯子；而只是想上二楼看看的人通常会觉得这个事情太难就直接放弃了。

松下先生认为，热忱才是最大的问题，热忱是一切工作的前提。如果工作没有热忱，人就会像豆腐一样软绵绵的；如果生活没有热忱，人就会充满焦虑和困惑。

标准八：能得体向上管理的人

> 公司里必须要有下情上达的风气，以及尊重自由发表意见的豁达风气。

松下先生自创业以来，就一直很关注和尊重人，这种尊重反映在他认为每个员工的想法都是值得重视的，哪怕是最基层的员工。上司管理下属是理所当然的事，而下属管理上司却是松下先生首创的理念，这就是“向上管理”。

“向上管理”包含三层意思：一是就自己所负责的工作提出建议，促使上司首肯；二是对上司的指令能够提出自己独到的见解，促使上司修正；三是请求上司对某项工作给予支持，或出席某个场合的活动，以帮助公司达成某个目标。

松下先生反复强调，公司里必须要有下情上达的风气，以及尊重自由发表意见的豁达风气。

以下几种情况，均是“向上管理”的例子。某采购部为了提升工作效率，对公司采购管理流程提出改进意见，并提交可行性提案。某事业部长向社长提出意见，认为公司现在的薪酬体系不够公正合理，员工抱怨不断。某员工在某次项目合作上，已达成90%的成功概率，希望社长最后出面支持，确保该项合作可以百分之百达成。甚至，还有员工勉励社长：“社长，您一定要加油才行啊。”“社长，请更努力地做吧。”

松下幸之助说，如果一家公司形成向上管理的风气，那么这家公司一定是有活力、有干劲的公司；如果一家公司有十分之一向上管理的员工，那么这家公司就有无限发展的可能性；如果一家公司一个向上管理的人都没有，那么可以断定这家公司在走向衰败。

标准九：能自觉担负职责的人

> 不景气的时候，也要思考企业的自处和突围之道，而不应该仅仅找理由而不去找改善经营的方法。

松下先生认为，企业经营得不好，企业的领导者要负全责；部门经营得不好，部长要负全责。

事实上，人们总喜欢把失败的责任转嫁给外部，甚至可以找到经营不善的千百种理由，如经济不景气，员工做事不认真，公司的经营战略错误，等等。但是，在任何一个时代，任何一种环境中，都有业绩好与业绩差的企业，也有效率高和效率低的部门。究其原因，领导者要负最终责任。

"自觉担负职责"是指主动承担责任，遇事不推脱，成绩不好的时候先从自己身上找原因，而不是归咎于别人。职务越高的人越应该有强烈的认识。华为的自我批判文化其实就一种"自觉职责"：自我检讨、自我反省和自我批评。

从上至下的每一个人，如果不能对与自己有关的职务和工作负起全部责任，那么这家企业是无法取得太大的成就的。因而，一个人有多少分的责任感，决定了这个人能取得多大程度的成就。

市场景气的时候，也有企业破产，此时，大多数人会说，这是该企业经营不善的缘故。可是，市场不景气的时候，到处都发生企业倒闭的情形，这时，人们都会把陷入窘境的原因归咎于环境不好。

松下幸之助认为，不景气的时候，也要思考企业的自处和突围之道，而不应该仅仅找理由而不去找改善经营的方法。

松下电器的大部分事业部经营状况良好，但也有一些事业部长期亏损，怎么也好转不过来。

“社长，我们都已经尽力了，可还是亏损。”事业部长无奈地道歉。

“这样子是不行的，总得想个方法来解决。这样，再给你半年时间，如果还是无法扭亏为盈，那么你就到别的事业部当职员，从头开始做吧。”松下先生下了最后通牒，结果这个事业部很快就找到问题，扭转亏损状况。

松下幸之助认为，如果一家公司或一个事业部经营不良，其原因就在公司、部门本身，以及内部的每一个人身上。也许会有部分市场不景气的原因，但根本原因还是在内部。

标准十：有气概担当公司经营重任的人

> 在逆境当中，具备伸展能力；在顺境下，又有时刻准备迎接逆境来临的心

理准备。具备这种“胜不骄，败不馁”精神的人，就是企业所需要的经营人才。

松下电器的人才标准，最后一项是针对事业部长的，即松下电器的事业合伙人。

松下电器寻找事业合伙人的标准是：有气概担当公司重任，能够独立开创新的事业领域。这不仅要具备独立运营一家公司所需要的战略眼光和决策能力，还需要具备克服困难、突破难关的勇气以及付出与服务的精神。

1935 年 11 月，松下电器颁布《松下电器基本规章》，其中有一条写道：“无论松下电器未来如何发展，每一位员工不要忘记自己作为产业人的使命与职责，以守信、谦卑和感恩之心来处理各项业务。”“产业人”是指能做正确价值判断，并以合理的价格提供产品，努力促进社会进步与繁荣的人。不忘这一初衷，保持谦虚的态度，常怀感恩之心的人，才是真正的产业人。

任何一家企业，随着规模的壮大和分工的细化，个体很容易失去自我的存在感和价值感，从而失去自主性。然而，松下先生在不同场合、通过不同方式，不断地倡导一种理念：“作为松下电器的一员，我是一名经营者，拥有独立自主的资格，秉承着对结果负责的精神，经营着自己的事业。”而作为“工作的主人”，就要倾其全力，释放所有的热忱以及创意来工作，以求最好的成果。

在任何一个时代，领导者的经营意志力都起着生死攸关的作用。“经营意志力”是指领导者在面对逆境时的心态和心境，以及战胜逆境的决心和勇气。在逆境当中，具备伸展能力；在顺境下，又有时刻准备迎接逆境来临的心理准备。具备这种“胜不骄、败不馁”精神的人，就是企业所需要的经营人才。

以上是松下电器在培养人才，尤其是培养事业部长时的期望。这种期望不是要培养千篇一律的人，更不是完全抹杀掉人才的个性和潜能的发挥，其精神内涵正如松下先生所说的：“在松下电器工作的人要以公司的基本经营方针为根基，然后各自绽放出具有独特个性美的风格，这是我们的理想。”

松下先生认为，在培养未来的经营者时，除了严格遵守基本的经营方针外，最重要的是让每一位未来的经营者能自由奔放地工作，将其独特的风格和个性发挥到极致，从而培养出愿意担起公司经营重任的人。

◎ 启发与思考

你是如何理解“松下选才的十大标准”的？你所在的企业又有哪些选人标准？这些标准在企业的人力资源体系当中是如何发挥作用的？

提拔人才的五项原则

提拔人才是所有企业都会面对的问题，尤其是破格提拔人才。那么，到底要提拔什么样的人才？提拔人才有什么样的原则？在提拔人才的同时，企业经营者如何做到“扶上马，送一程”？

松下先生在提拔人才方面有着丰富的经验和思考，他总结了“提拔人才的五项原则”。时至今日，这五项原则依然具有重要的借鉴意义。

原则一：提拔充满经营信念的人

> 只有选对了人，才可以打破公司里面暮气沉沉的气氛，公司才能重新焕发活力，走向繁荣。

提拔人才最重要的是选对人，而这一点最重要的是找到“充满经营信念的人”。认可企业经营使命和经营理念，对经营充满信心和热忱，这是最重要的一点。只有选对了人，才可以打破公司里面暮气沉沉的气氛，公司才能重新焕发活力，走向繁荣。

松下电器某事业部的经营情况很不好，事业部长是一位五十岁的人，他非常的老练，经验也很丰富，是公司的“老人”，但很明显他已经失去了经营的热忱，更加无法激发全体员工的激情，整个事业部死气沉沉，经营情况不好是必然的事。

在这种情况下，松下先生提拔了一位三十来岁的年轻干部担任事业部长，由他接替原来那位五十岁“老人”的工作。很快，这个事业部焕然一新，员工的精神面貌完全改变，每件工作开展得都很顺利，这个事业部在当年就扭亏为盈。

我们并不能说那位五十岁老人的能力比不上三十岁的年轻人，他们的最大差异是老部长已经失去了经营的信念和热忱，而年轻的部长则像是刚刚升起的太阳，燃烧着最大的能量。

原则二：破除年资惯例

> 提拔年轻人时，不能只提升他的职位，还必须“扶上马，送一程”。

在日本企业，依年资升迁已成为惯例，因而提拔年轻的优秀人才困难较多，因工作需要确实要提拔年轻人时，经营者都会十分慎重。

松下先生也有过这方面的烦恼，完全按照资历升迁，整个组织会失去活力，有进取心的年轻人也毫无用武之地。

松下先生在经营实践中总结了提拔人才的要领。他说：“当你破格提拔人才时，比如提拔某年轻人为课程长，某种程度上讲等于忽视了资历比他深的人，而且这些人曾经帮助过他成长。那么，此时的任命就变得微妙，仅仅只是一个任命书就会显得对老人不够尊重。”

松下先生的办法是，由他亲自沟通课内资历最深的课员，并邀请他来担任任命官，代表社长颁授课长委派书。同时，由资历最深和较深的代表致贺词，表达对新上任课长的支持，并发誓服从新任课长的命令。如此，前辈也会口服心服，并发自内心地支持年轻的课长，这样也能提升新任课长的威信。所以，提拔年轻人时，不能只提升他的职位，还必须像这样“扶上马，送一程”，给予相应的支持，帮助他建立威信。这一点很重要，否则公司的业务将无法顺利开展。

原则三：60 分哲学

> 热忱够了，能力自然会提升，能力与热忱程度是成正比的。

对于提拔人才，经营者最重视同时也是最担心的就是胜任力问题。要破除年资，要从年轻员工里提拔人才，一方面会对年轻人抱持着更高的期望，另一方面又担心其无法胜任。

松下先生认为，根据从各方面搜集到的资料以及过往表现进行打分，如果一个人能拿到 60 分的话，就让他去试试看。不过，重要的事情是，这个 60 分不可以马马虎虎，而必须是客观正确的评价才行。

松下先生之所以提出这样的观点，是因为他认为人的能力有 60% 是可以通过过去的工作表现判断出来的，另外 40% 是在冰山下看不到的，但有可能潜力巨大，不试试看你怎么知道呢？

这就是松下先生的60分哲学，他认为凡事都不可能百分之百看准，最主要还是要看这个人的热忱程度，热忱够了，能力自然会提升，能力与热忱程度是成正比的。

原则四：摒弃私心私欲

> 只要是德才兼备的人，为了工作的需要，该提拔就得提拔。

松下先生强调，领导者破格提拔人才的时候，绝对不可以有私心私欲，不能以对方的出身背景，或是领导者个人的喜好，作为人事调整的标准。一定要好好考察准备提拔的人的能力和品格，以及他能否胜任更高的职位，这是基本条件。

作为领导者，应具备一颗素直之心，不被私欲左右。提拔人才时，一些观念一定不能有。比如，那个人虽然能力差一点，但跟我兴趣相投，不妨就提拔他吧。又比如，那个家伙虽然有点能力，但是令人讨厌，所以先不提拔他。

只要是德才兼备的人，为了工作的需要，该提拔就得提拔，这是经营者必须有的大公无私的胸襟。唯有这样，其他员工才会服从安排，并发自内心地给予支持和配合。

原则五：论能力而非功劳

> 对于企业有功劳的人，给他提高薪水或奖金就行，职位要给有才能和见识的人。

“能力”与“功劳”常常容易被混为一谈，尤其是当某个人对公司有功劳时，常常会被视为有能力而被提拔到重要位置上，这样的提拔很可能是失败的，因为功劳不等于能力，两者是有差别的。松下先生提醒，这是要特别警惕的。

松下先生认同这样的观点：对国家有功劳的人，应该给予他俸禄，不要因为有功劳就给他职位，要给职位，必须有相当于那个位置的才能和见识才行。如果只因为有功劳而把职位给予没有才能的人，国家就会崩溃。

事业的经营亦是如此。对于企业有功劳的人，给他提高薪水或奖金就行，职位要给有才能和见识的人。

◎ 启发与思考

你是如何理解松下先生“提拔人才的五项原则”的？其中哪一点是你感触最深刻的？

为公司注入新的力量

> 向每一位新进员工传递温暖和体谅，
> 让他们为公司注入一股新的力量。

“欢迎各位在这樱花盛开的时节加入松下电器。我想以各位的新构想、新观念，一定可以使我们神圣的工作产生更强大的力量。”在一年一度的新员工入职大会上，松下先生都会发表一番慷慨激昂的演讲，勉励新进员工努力工作，为公司发展贡献新的力量。

毫无疑问，每年年初新员工的加入能够为企业发展带来全新的景象，犹如为企业注入一股新的血液，也会在情感上带动老员工。毕竟当看到一群青春活力的年轻晚辈时，前辈们也会不自觉地回忆起刚加入公司时的情景，激情被重新点燃。新老碰撞会产生新的动力，整个公司也会重新焕发活力。

但新员工的加入也会有不利的一面。每年新进的员工大部分都刚刚踏入职场，没有什么工作经验，短时间内这些人都不会有太优质的产出，更需要前辈的指导。这在短时间内会拉低公司的整体业绩和工作效率。无论是公司花费时间和精力去培育新员工，还是老人带新人，都需要占用公司大量的资源、人力和时间。那么，有一个问题就会伴随而生，即公司花在培育新人上的资源会降低公司平均工作效率，短时间内会影响公司效益。尤其是当大环境不好，公司遇到困难，更需要各岗位人员拼命坚守岗位的时候。

松下先生做了个形象的比喻，他说："某天夜里，暴风雨突然来袭，此时，所有大人要做好紧急分工，有的负责锁紧门窗，有的要查漏补缺，还有的要上屋顶用重物加固，大人们都能在关键时刻通过分工协作快速解决问题，但家里有幼童就比较麻烦，不仅帮不上忙，还碍手碍脚，甚至需要大人在一旁照顾，反而降低整体力量。"

因而，迎接新进员工，增加人才储备，这对企业的未来发展是一件好事，但经营者不可认为"公司的力量立刻会增强"。相反，经营者要有心理预期，并要及时做好应对。

迎接新进员工，企业还要考虑融合的问题。一群人在一起做事情，最重要的是同心协力。由五百人组成的团结的队伍比随意凑在一起的一千人的队伍力量更强大。企业能否做到团结一心，朝着一个方向奋斗，这是企业成败的关键。然而，这种团结一心的状态，人越少越容易达到，人多了，意见多了，更不容易达成一致性。正如“两个和尚抬水喝，三个和尚没水喝”。所以，每年新员工的加入一开始很可能会拉低团队的整体效率，也可能会导致全体员工的团结性降低。通常，同时期进来的新员工越多，这种情况就越明显。当然，这种情况会随着新进员工的成长逐步恢复。到了新一批员工能独力作业的时候，企业的实力也会大大增强，这一段过渡期是时间可以解决的。

松下先生建议，在每年招进新员工时，经营者要有充分的心理预期：如何快速教导新人？如何新老融合？如何让公司始终团结奋进、充满活力？这是经营者要思考的问题。最后，不要忘记：向每一位新进员工传递温暖和体谅，让他们为公司注入一股新的力量。

◎ 启发与思考

新员工的加入会给企业带来新的血液，但同时也会占用经营者不少的时间和精力去支持他们融入团队。作为经营者，你是如何解决这种新老融合的问题的？

为天下铸造名刀

松下先生提出“企业是社会的公器，企业有责任替社会培育人才”，这样的人才培育理念是松下电器成功培育人才的底层思想，奠定了松下电器企业文化的根基。

松下先生提出“人皆伟大”的人类观，因而，从平凡人身上得到不平凡的成果成为松下电器培育人才的基本原则。松下先生还提出“经营即教育”的观念，因而，松下电器在不同发展阶段开展不同形式的培训和教育工作，开设各类学校、教育训练中心、研修所、商学院等，甚至创办面向未来的人才培养学校“松下政经塾”。

在培养方式上，松下先生把中国古典哲学与现代企业管理熔于一炉，注重对员工思想、精神及品格的教育，松下电器善于把日常管理和每件工作当作训练员工的教材，从而提高员工的综合素质。

本章重点讲述松下幸之助的育人之道。

企业是社会的公器

> 企业不应是经营者的“私有财产”，任何企业都应该是为满足社会需求而诞生的。

目光短浅的经营者将“培育人才”四个字视为培养能为公司做事、需求又少的人员，甚至还有人将培育人才描述为“塑造任劳任怨、多做少求的机械人”，这实在是不合格的经营者。

企业除了追求利润、培训员工的知识和职业技能外，还应重视员工的精神教育和品德教育，因为企业还应肩负着为国家、替社会培养公民的责任。这一主张源于松下先生“企业是社会的公器”的观点。企业不应是经营者的“私有财产”，任何企业都应该是为满足社会需求而诞生的。

松下先生说，企业必须通过经营活动来造福社会，企是培育人才的场所，而人才的培育也正是贡献社会的一项重要责任。企业的任何一名员工必定是社会中的一分子，企业的模范人才必定也是品行良好的社会公民。在公司内部与他人合作无间、愿意付出的员工，在社区里必定也能和亲朋邻里和睦相处。能为公司的目标奋斗和努力工作的人，也必定能为会的繁荣和幸福而努力。所以，企业应抱持以国家和社会利益为目标的态度，培育出真正优秀的人才。

任何企业都可以培养人才

关于人的素质和潜能问题，松下先生认为，尽管人与人之间是有差别的，但他强调，每个人都有“只要肯磨砺，就会发光发亮”的潜力。

中国古人有言，玉石之道，贵在琢磨。松下先生将人比喻为“钻石的原石”。原石只要经过精心的琢磨，就会成为精致的宝石，发出闪闪的光亮。由于雕琢师的不同，琢磨的方法不同，切割的角度不同，不同的原石最后呈现出来的样子也不同。同样的道理，任何一个平凡人，只要经过精心的培育和磨砺，都有成长为优秀人才的潜质。领导者不同，培养的方法不同，也会造就不一样的人才。无论如何，我们要意识到人们都拥有“钻石般的潜质”，培育人才就是要通过一系列精心的琢磨，把人的潜能充分发挥出来。

任何一家大企业都是从小开始做起的，松下电器也是从一个三人小作坊起步的。松下先生认为，相比较于大企业，中小企业薪资起点低，在吸引优秀人才方面没有太好的条件，但刚从学校毕业的学生并不一定会选择知名度高、薪水多的企业，有时他们也会选择条件并不是最好的中小企业，这时考虑的因素可能包括对经营者的信心或者这份工作本身的意义。综合来看，中小企业吸引人才要靠“魅力”，包括企业经营者的人格感召力、企业的外在形象等。

松下先生强调，企业在选择刚毕业的人才时，不能将学习成绩作为唯一的考核因素。松下电器在这方面有一个很特别的做法，即把三分之一的考核重点放在“对某项体育运动是否感兴趣”这件事上。松下先生认为，是否拥有健康的体魄以及积极乐观的生活态度是人才的一项“潜力指标”。

关于“企业里缺少合格的老师”这个问题，经营者或管理者通过日常的工作，随时随地指导员工、训练员工，这本身就是教育。在大企业里，有专门负责教育训练的部门负责召集、组织人才成长的培训。然而，就算大企业有完善的人才培养体系，企业教育还是要透过工作场所的情景，由上司来教导，培训学习只是人才培养中的一部分。在中小企业，经营者的眼睛可以顾及各个角落，关于日常的工作方法，比如如何打电话、如何接待客户、如何处理客户投诉等都可以现场指导，这才是真正的企业教育。

关于人才的分配和运用，松下先生认为，企业越大，官僚作风也会越明显，工作效率就很难提高。相反，中小企业更加容易活用人才，数十名员工之间比较容易相处，而且默契度会更高。中小企业更有可能让每一名员工把潜力全部发挥出来，而人才在大企业大概只能把潜能发挥到 70%，而在中小企业往往能将其发挥至 100%，甚至 120% 以上。

有不少经营者抱怨，平时工作十分忙碌，或是经济环境不好，大家都在忙着找客户、找订单，所以无法花时间和精力培养员工。松下先生非常不认同这样的想法，他认为，经济越是不景气，越是企业培养人才的好时机。

松下电器的历史经验证明，经济不景气的时候，产品难以销售出去，收款也更加困难，当一切都不太顺利的时候，企业最重要的是要最大限度地激发员工的潜能，释放他们的能量。松下先生认为，企业处于逆境的时候，更能识别人才，也更适合对员工实施教育，从而培养人才。

因此，经济不景气或者中小企业吸引不到人才，都不是企业无法培养人才的理由。企业要培养人才，最关键的是经营者要具有培养人才的强烈意识。

◎ 启发与思考

1. 你是如何理解松下先生所提出的“企业是社会的公器”“替社会培育人才”等观点的？

2. 很多中小企业的经营者认为没有足够的时间和精力去培养人才，或者培养出来的人才很容易流失，因而失去了培养人才的兴趣，对此你是如何看待的？

松下育才七钥匙

企业经营的构成有三要素：人、财、物。其中，人是最核心的要素，因为只有“人”懂得如何运用财与物。“人”既是经营的起点，也是经营的终点。正如松下先生所言：经营的光芒是灿烂或暗淡，完全在于人才的培育工作。

人才对于企业经营的重要性不言而喻，现代商业的竞争归根结底就是人才的竞争。尽管大多数经营者都认同人才的重要性，也常常将“以人为本”挂在嘴边，但能够像松下先生那样，始终坚定地将人才培育工作放在第一位的，却是少之又少。有的企业短期之内获得了成功，但可惜的是在成功之后，没有真正地花时间和精力去培育人才，而是坐享其成，最终导致经营的不可持续。

那么，松下先生到底是如何培育人才的？松下成功培育人才到底有什么秘诀？我们一起尝试寻找打开奥秘之门的钥匙。

钥匙一：强烈感受到人才培育的重要性

> 强烈的愿望一直都是做成事情的原动力，这是亘古不变的规律。

“无论做任何事，首先要有强烈的愿望，要有不达目的誓不罢休的决心。如果你心里想着这个非达成不可，那么其实事情已经成功了一半。有了这样的决心，必定能想到达成目标的方法，灵感和思路自然而然就有了。”这段话就像在形容松下先生本人一样，强烈的愿望一直都是做成事情的原动力，这是亘古不变的规律。

“松下电器之所以能顺利地培育人才，最重要的因素，是领导者本身有这种迫切的需要。”这是松下先生于 1943 年写的企业经营心得。

1943 年 7 月，松下先生在《步一会志》刊物上写下了这么一段话：

人可兴国，亦可亡国。这是中国古代圣贤留给我们的一句话。如果回顾自古以来的历史，便可印证这句话。事业的成功与否也和这句话一样，是和人息息相关的。拥有优秀的人才，事业就能繁荣，反之就会衰微。各行各业的兴衰就是最好的例证，松下电器能有今日的发展，就是比别人稍微懂得用人的缘故。大家一定都很关心，并且也很有兴趣想知道我为什么能受惠于优秀人才。这是因为身为经营者的我，对于人才的需求怀有强烈的心。总之，任何一件事，都是由于有所需求而产生的，我也深信这是千古不变的铁律。

松下先生所说的“人才培育优先于其他任何事情”“人的重要性要放在经营的第一位”“不管工作多忙，首先要努力培育人才，这才能从根本上解决经营者工作繁忙的问题”，这些都不仅仅是挂在墙上的宣传口号，而是松下先生深信不疑的经营理念和松下电器坚定不移的人才战略。

在深刻领悟了人才培育工作的重要性后，经营者最重要的是将人才培育工作贯穿企业经营的始终。松下电器在培育人才方面最重要的实践是企业教育。相比于学校教育，企业教育在目的和方式上是有本质区别的，而企业人才的培育本质上就是一种企业教育。在松下先生所处的年代，能够意识到企业教育的重要性，并保持强烈愿望，这需要具备超前的战略眼光。松下先生始终身体力行，推动企业教育和人才培育工作。

松下先生说：“教导他人者，要有更大的热忱；而被教导者，也要懂得谦虚。因为没有教导，人类就不会有任何进步。”

钥匙二：要有尊重人的基本精神

> 企业既然要求员工“忠”，那么企业必然要对员工“信”。

在日常经营中，我们可以看到一些企业在对待人的态度上往往“表里不一”。一些经营者嘴里说着“人是最重要的”或“以人为本”，但在实际经营中对待人的态度却并非如此。当企业人员冗余时，经营者对待员工的态度表现为“不尊重”“不珍惜”；相反，当企业人才紧缺时，经营者就把留下来的员工捧上天，生怕他们辞职不干，而把企业的制度抛在一边。其实，这两种做法都没有真正地做到“尊重人”。

在经济不景气时，一些企业实行“减员经营”，即裁减多余的人员，维持适当的规模。这确实在一定程度上是必要的，毕竟企业也要活下去。但是，松下先生认为，身为经营者对此要十分慎重，他表示：“我见过不少经营者，一遇到点困难就随意解雇员工，甚至一点痛心的感觉都没有，对此我深感遗憾。”

在经济景气时，企业大量招募人才，在经济萧条时，便大规模裁员。或许很多人认为这是理所当然的事。但松下先生不认同这样的做法：人不是机器或工具，企业应该具有基本的人道主义精神。

松下先生十分推崇中国儒家哲学，提倡企业要有一颗仁爱悲悯的道义之心，而不应秉持纯粹的功利主义。企业既然要求员工“忠”，那么企业必然要对员工“信”。因而，松下电器倡导“企业要与员工共存共荣”“员工与企业合为一体”，正是基于这样的认识，松下电器不会随意裁员。

松下先生认为，裁减大部分人，最后只留下一些精英，这在选拔职业运动员或需要特殊才能的职业上或许说得通。但如果把这种方法用在企业上，是无法真正培养出能与企业同甘共苦的人才的。

1929 年 10 月，爆发于美国的经济危机迅速席卷全球，银行倒闭、工厂破产、工人失业等情况在全球迅速地蔓延开来。日本因此陷入经济危机，松下电器也遭到严重冲击，产品的销量断崖式下滑，如果无法及时应对，松下电器也只有倒闭这样一条路了。

彼时，松下电器的经营事业才刚刚有了起色，就碰上了这样大规模的全球经济危机。产品虽然生产出来了，却卖不出去，堆满了整个仓库。

松下电器当时的主要管理层井植和武久两人也忧心忡忡，大家首先能想到的办法就是节省开支。他们初步决定解雇一半的员工，这也是当时大多数企业应对危机所选择的办法。他们向卧病在家休养的松下先生提出“生产减半、员工减半”的方案，松下先生看到干部们拟定的方案后非常生气，思考片刻后毅然做出了决定：一个也不可以解雇。

当松下先生宣布这一决定时，井植和武久目瞪口呆，久久没缓过神来。松下先生进一步解释，要求全体员工与公司共存共荣，尽管生产减半，但号召大家一起利用休息时间销售，争取尽快把库存产品销售出去，齐心协力才能渡过难关。

松下先生认为，外部环境有景气的时候，也有不景气的时候，不能因为困难就随意解雇员工，那是不负责任的表现，更是对经营没有信心的表现。正确的做法是利用这样的机会，激发全体员工的斗志，这或许能帮助公司转危为安。

井植和武久回到公司后召集全体员工，宣布了松下先生的决定。大家深受感动，高声欢呼，纷纷表态必定全力以赴，他们主动申请放弃休假，全力推销公司积压的产品。

说到结果，如松下先生所料，全体员工团结一心，竭尽全力推销产品，到了第二年初，满仓的库存竟被销售一空，员工士气高涨。松下先生马上宣布恢复全日作业，并承诺提升工资水平和福利，全体员工全力地加班生产，业绩呈现空前的盛况，这在当时的市场环境下是绝无仅有的。松下先生的决定既解决了过剩产品的销售难题，更重要的是赢得了人心。

“以长远的眼光来看，损失半天的工资绝对只是一时的损失。如果因一时的挫折就把员工解雇，这实在不是一家有良知的企业。”松下先生说。

事实上，松下先生在其漫长的经营生涯中，只有一次不得已的裁员，那是二战后混乱的时代中所做出的最艰难的决定。在二战后混乱的非经济常态时期，松下电器的生产受到限制，松下先生也无端遭到临时解职，企业陷入无法动弹的状态，这是松下先生自创业以来遇到的最大危机。

回忆起二战后最艰难的五年时光，松下先生感慨道：“二战后，公司的经营情况越来越困窘，从1945年起之后的五年时间，公司有数次业务发展遭到了限制，被迫缩小业务经营范围，结果导致原本约 15 000 名员工，到 1950 年时，已裁减到仅剩约 3500 人。这是我自创业以来最悲恸的事情。”

钥匙三：明确指示经营使命和经营理念

> 创业者到一定阶段，一定要回答“做这个事业的意义是什么”的问题，也就是要回答产业人的使命问题。

大部分企业在创立之初并没有非常明确的经营使命和经营理念。当然，为了生存，创业者会想尽办法，按照做生意的常识开展业务，比如，要有好的产品，要积极投入研发，要有销售团队，要做好客户关系维护等等。

松下先生认为：“以这种方式开展业务到一定程度后，人员会慢慢增多，但我渐渐地觉得只是以这种方法来经营事业是不行的。创业者到一定阶段，一定要回答‘做这个事业的意义是什么’的问题，也就是要回答产业人的使命问题。”

1932 年 5 月 5 日，松下先生召集全体员工发表了意义深远的创业纪念日演讲。松下先生勉励大家为世人建立一个幸福的乐园，并且呼吁大家共同努力以达成松下电器 250 年的经营愿景。

当时，松下电器的员工几乎都是二十岁刚出头的年轻人，很少有超过三十岁的，他们听完松下先生的演讲后，都非常激动和兴奋，一个个抢着上台发表他们的感想。一位员工表示："我们过去确实只是知道不断地拼命工作，而不知道为何目的而奋斗；但现在我们已清楚知道了公司所肩负的使命，对于今后的一切作业，我们将会更有信心。由于发言者太多，几乎是列队等待，本来预定每个人 3 分钟的分享时间被压缩成 1 分钟。大家热情高涨，有人讲到激动时热泪盈眶，台下更是掌声如雷。

"看到这个情景，我深受感动，我坚信松下电器今后必定会很有前途，只是看到这些年轻人如此热忱地向使命迈进，就知道公司将会有无可限量的发展前景。"松下先生回忆道。此后，松下电器事业发展之迅速，连松下先生本人都始料未及。

松下电器前社长高桥荒太郎曾经营过朝日干电池的生意，在 1926 年之后的数年间，事业发展陷入困境，其所在公司被迫停业。后来他有幸认识了松下先生，并于 1936 年开始在松下电器就职。他感触最大的就是松下电器有非常明确的经营理念，在此指导下更明确地表明“制造产品之前，要先制造人才”，甚至还清楚地列出培育人才的基本方针。他说：“我非常感动，假如早年我有如此明确的经营理念及方针作指导，那么此前的公司经营也不至于陷入那么惨淡的境地。”

生产传真机的松下电送机器的前身东方电机，曾经陷入极度的经营危机。松下先生决定收购东方电机时，曾向松下通信工业东京营业所所长木野亲之发出指示：“你去做重建工作吧。”接管东方电机时，木野先生面临的挑战极大：这家公司随时上演罢工运动，加上企业负债累累，要是换成其他人可能直接就被吓跑了。木野先生解决问题的秘诀是把松下先生的经营理念深植于员工的内心。“尽管现在我们没有钱买原材料，但有松下电器的经营理念为指导。松下先生常常教导我们，经营首先在于人。经营好人，一切问题就能迎刃而解。”木野先生如此回忆着。

许多例子都可以证明，经营者首先要有经营理念和使命感，并让员工彻底地感受到这种使命感，如此，企业才能拥有真正的人才，这正是松下先生培育人才的要点。

松下电器的经营基本方针

◎ 纲领

贯彻产业人之本分，努力改善和提高社会生活水平，以期为世界文化的发展做贡献。

◎ 信条

进步与发展若非得益于各位员工的和睦协作，殊难实现。全体员工应以至诚为旨，团结一致，致力于企业的经营。

钥匙四：彻底教导员工企业必须获利

> 企业没有利润是不能被原谅的。我们从社会获得天下的资本，集天下的人才，用天下的资源，如果再没有任何成果展现，不仅愧对社会，社会也不会原谅我们。

松下电器最早在日本设立事业部并实施独立核算。原则上，各个事业部长要根据本事业部的目标订立年度计划，其中包括一项最重要的指标：获得不低于 10% 的利润率。各事业部长必须对此负起最终责任。

松下电器要求各事业部都要实现盈利目标，不允许有“只要一些事业部赚钱，其他事业部亏损也无所谓”的想法。松下先生认为，不管是哪一个事业部，既然获得了人、财、物等资源的支持，就一定要有自己的利润目标，没有利润的事业部是在浪费资源，是“有罪”的，长期亏损更是无法被接受的，那样是愧对公司、愧对社会。这是松下电器长期强调的理念。

松下电器十分重视经营利润。无论是事业部部长还是门店店长，都必须要拿出相当的盈利成绩，否则就没有资格担任这样的职位。企业既然有利润目标，理所当然要严格执行。经营者或干部要想方设法完成年度经营计划和利润目标，这是责任，也是压力。

事业部长实际是真正的经营者。为了完成利润目标，事业部长要考虑经营的方方面面。比如，是否有更好的营销方案，各项费用还能否节省，新产品开发是否足够等等。事业部还要遵守松下电器的基本规定，比如不准抄袭仿冒他人产品，不准削减员工的工资和福利，不准延长工作时间等。每个事业部长要在松下电器基本规定的范围内，发挥自主权和创新精神，以实现经营指标。这实际上非常锻炼人，也能激发人的创造力，事业部是培养经营者的摇篮。不过，最关键的是不要忘记向员工明确说明“为什么公司非要获得利润不可”，经营者必须让员工彻底明白这个主旨。

国家的发展，社会的繁荣，是无数企业创造利润和财富的成果。如果大部分企业不赚钱，不贡献税金，不创造财富，哪来的社会基础设施建设？哪来的大众福利和社会稳定？为了国家的富强，为了共建一个幸福的社会，我们有责任和义务赚取利润、贡献税金，并使企业持续发展，我们需要向员工传递这一道理。

松下先生曾坦言：“企业没有利润是不能被原谅的。我们从社会获得天下的资本，集天下的人才，用天下的资源，如果再没有任何成果展现，不仅愧对社会，社会也不会原谅我们。”

到了 1949 年，松下电器还没有完全从二战后的伤痛中站起来，依然受到各种限制，无法开展正常的经营活动。尽管如此，松下先生依然提出一个态度鲜明的观点：如果经营不创造利润，公司就没有存在的必要。

1949 年 1 月，松下先生发表演讲：

过去三年，公司一直不盈利，负债却一直在增加，而仓库存货在减少，公司确实是处于亏损中。所以，我们再不能像过去那样了，从现在起，最低限度是一定要赚到钱才行。大家如此辛苦地从早到晚为公司工作，然而工作的成果却等于零，这是不能接受的。无论如何一定要拿出工作成绩，赚取合理的利润。

如果花了上亿的资金，使用了数千台机器以及数百栋厂房，用了近万名员工，从早到晚拼命地工作，却产生不了利润，那么国家就会日渐贫困，公司也会越来越衰微，全体员工的生活都无法保障。没有成果、没有效率的工作是无法维持下去的。既然我们是产业人，就要把产业人的工作成果转化为利润，把国家的繁荣、社会的繁荣，提高员工生活的工作成果展现出来，这是我们必须清楚认识到的。若不这样做，我想公司也就没有存在的价值，甚至松下电器就干脆解散掉算了。

松下先生的这一番话刺痛了全体员工的心，大家觉得不能再这样下去了，必须提升效率，公司必须盈利，否则自己都愧对社会。当然，获取利润要通过正当手段。除此之外，经营者必须将“通过工作成果获取合理的利润”这样的观点当作信仰，并将这一信仰深植于员工的内心，并且教导他们无论在任何情况下，既然经营企业，就一定要获利，以培育他们对利润的强烈观念。

钥匙五：尽力满足员工物质和精神需求

> 人非圣人，基本的物质生活得到满足后，才能追求精神层面的满足，只要物质方面有不满足，再怎么强调经营理念和使命感都不会有效果。

1959 年，美国行为科学家弗雷德里克·赫茨伯格通过研究员工在企业工作中的满意与不满意因素后，提出了著名的“双因素理论”，双因素理论的核心是将企业给到员工的所有东西分成两部分，一部分叫保健因素，另一部分叫激励因素。

保健因素是员工开展工作所必需的基本条件，如工资、岗位、培训、福利等，保健因素能确保员工的安全感和稳定性。这一部分更偏向于物质方面的满足。

激励因素是员工做好工作所需要的条件，如价值的肯定、晋升、奖金、荣誉、额外的工作条件等。激励因素是有激励效果的，能够使员工有更好的工作表现，激励因素一般是在员工取得成果后才能获得的，这一部分更偏向于精神方面的满足。

松下先生在创业初期关注的主要是“保健因素”，即基本的劳动条件和待遇，因为当时人们更关注的是能吃饱饭、有地方住，也就是有基本的生活保障。满足了这些物质条件，并且比别的企业做得更好，留住人才就不是难事。

当松下电器逐渐发展壮大，物质的满足已经达成后，松下先生开始关注精神层面上的满足，即“激励因素”，开始研究如何才能更有效地激励员工、点燃员工。

1946 年，战败后的日本，整个社会处于破产的边缘，企业经营困难，员工收入低，基本生活没有保障。在松下电器经营出现极端困难，连续亏损的情形下，松下先生竟然提出“高薪资、高效率”的政策主张。

“今年我必须要彻底实行高薪资、高效率的方针。首先要做的不是高效率，而是希望借着高薪资，刺激员工提高生产的意愿。如果这样还不能提高效率，公司就无法再生存下去，员工也将失业。如果能因此而提高效率，我将会更进一步提高他们的薪资，这也预示着方针的成功实施。”

当时，日本政府有一个很“特别”的统制令，规定企业未经同意不可以随意提高薪资。由于通货膨胀，物价飞涨，这样不合时宜的法令把企业束缚得不能动弹，若是无法调整，员工们的生活都将无法维持。

松下先生派出酒井君去见县长，希望临时解除经理薪资统制令，经过一番游说，县长同意了，松下电器实施临时加薪制度，员工们欢呼雀跃，奔走相告，工作的积极性高涨，工作效率也大大提升。

当大多数企业提出“高效率、高薪资”时，要求员工要有高效率、高产出，然后才会有高薪资、高待遇，这也是合乎情理的，是“多劳多得、少劳少得”的体现。但松下先生却是反其道而行，提出“高薪资、高效率”，把两者的顺序倒过来，即企业先提供给员工更高的薪资和待遇，提升员工的满足感和工作的积极性，然后再要求员工有高效率和高产出，如此一来，企业才能持续发展。应该说松下先生这样的格局和眼界，在当时还是比较少见的。那个年代人们生活普遍困苦，企业如此体谅员工的难处，员工必然会更加拼命地工作。

钥匙六：让员工拥有梦想

> 不让员工拥有梦想的老板，不是合格的老板。

作为经营者，绝对不要忘记让员工对未来怀有无限的憧憬和美好的想象。这对于人才的培养可以起到很好的效果。

1932 年，松下先生在演讲时强调，产业人不仅要自觉使命感的重要性，更要有 250 年的经营愿景。他表示，从今以后，要把 250 年定为达成使命的期限，然后把 250 年分成 10 个阶段，每个阶段 25 年，而每个阶段又被分成 5 个计划，每个计划 5 年。所有人应该以 5 年为一个小目标奋斗，小目标汇聚成中目标，中目标再汇聚成最终目标。当 250 年经营愿景达成的时候，世间将不再有贫穷和饥饿，世界将变成一片繁荣富庶的乐土。

松下先生将 250 年作为目标，以如此宏大的气势向全体员工指出未来的一片大远景，这是企业经营的“大愿”。有了这样的经营愿景，员工们开始感受到自己的工作是有意义的，意义感让他们产生幸福感，他们由此更愿意付出和承担责任。他们会彼此分享说：“从今天起，我们松下电器拥有了如此远大的理想、崇高的使命，我们作为松下电器的一分子，必须尽自己所能，担负起自己的责任。”

自古至今，成大功立大业的人都是因为内心有志向、有梦想。正如中国古人所言，“有志者，事竟成，破釜沉舟，百二秦关终属楚”。松下先生的志向不只是增加个人财富，他还描绘了一个长达250年的波澜壮阔的伟大事业图景，并将这样的伟大事业分享给全体员工，让他们拥有同样的梦想。毕竟，在松下先生看来，不让员工拥有梦想的老板不是合格的老板。

1955年，松下先生发布了第一个“五年计划”，并设定了四倍营收增长目标。这个计划与后来池田首相发表的“所得倍增计划”一样，受到社会各界的关注。“所得倍增计划”是指日本要在未来的十年里，实现每一位国民的收入增长两倍。这两个计划都让人们看到了希望，前者让松下电器的员工看到未来的光明前景，相信在松下电器工作是有前途的，也给当时的日本企业界带来相当大的刺激；后者则让国民对政府抱有希望。

一家企业发布这样的“五年计划”，把营收目标、利润目标、产品研发、人员安排等公之于众，从商业竞争的角度看，容易被竞争对手看到或是引来不必要的麻烦。原本可以不动声色地执行计划，但松下先生经过深思熟虑后，还是坚持要发布出来，这是基于他的社会观和人生观所做出的决定。

松下先生说：“我的社会观使我希望这是光明正大的经营过程，公开发表出来，还能给企业界带来相当好的刺激，企业界说不定也会因此而大有进步。”关于这个计划实际能起多大作用，一开始松下先生也没有把握。他实施的初衷是让员工们都拥有目标和梦想，并做到有“心理准备”。当这份计划发布后，全体员工十分清晰未来五年公司的发展方向。

五年时间实现四倍增长的经营目标，这确实震惊了当时整个企业界，也给予企业界相当大的刺激。大家纷纷改变政策，调整目标，开始向松下电器看齐，结果带动了整个产业界的发展，这是松下先生发布“五年计划”带来的可喜成果。四年后，松下电器不仅提前完成四倍增长的经营目标，还兑现了向全体员工的承诺，即完成第一个“五年计划”目标后，松下电器开始实施一周五天工作制，以及实现与欧美国家同等水平的薪资和福利待遇。

也许会有人提出，松下电器之所以能规划第一个“五年计划”并将梦想实现，完全是因为松下电器一直经营得比较顺利，假如今天松下电器的经营状况没有那么理想，他们还会这样规划“五年计划”吗？

事实上，二战后松下电器的经营环境十分恶劣，已经到了近乎崩溃的边缘，但松下先生却不曾因此放弃希望和梦想。就算经营不顺利，经营者还是要努力描绘愿景，而如果只是描绘，却没有真正想去实现的决心，那么再美好的梦想、再理想的经营环境，也只是纸上谈兵罢了。

1946 年 10 月，松下先生在经营指导方针发布会上发表了如下演讲：

我想拜托各位，对这个社会多加关注，各自以产业人的责任自觉，一步一步地向前迈进，去实现人生的理想。在实现的过程中，若觉得很痛苦，自然就不会有乐趣可言。同样地，在人生的过程中，也应该快快乐乐，否则就没有什么意思了。而我也相信能够在像欣赏音乐或运动比赛的气氛下开展工作，将是最理想不过了。唯有对自己的工作感兴趣，并充满热忱地去工作，成果才会展现出来。当然，在我们的日常生活里会有许多烦恼，这时候，我希望大家能以积极乐观的心态去面对它，如此，我们才能过着快乐幸福的一生。

钥匙七：以正确的人生观为准则

> 成功培育人才的前提，是认识到人类是伟大的存在。

培育人才要有正确的心态，不能像产品销售或市场营销那样靠技巧或妙方，培育人才要有种果树的耐心。松下先生说："以我自己育人的经验来看，以刻意的方式培育人才是行不通的，还是以自然的方式比较好。比如，该生气的时候就生气，该骂的地方就骂，以这种最自然的方式，才容易培育人才。"

在日常工作中，松下先生表现出非常坦诚的状态，把自己最真实的一面展现给员工，没有任何"伪装"或"表演"的成分，喜怒哀乐尽是自然流露。以这样的姿态呈现，员工们也就更容易了解松下先生是一个什么样的人，不需要靠"猜测"或是"打听"，通过这样的了解，就会有更多的人愿意帮他忙，围绕在他身边。

"老板不需要刻意伪装自己，那样子太累了，也没有必要。"松下先生是个讨厌耍花招、搞权谋、故弄玄虚的人。"所谓用人或培育人才，最重要的并不在于人才培育的方法或技巧，而是人与人之间、健全人格之间的互相接触和影响。"

我们探讨松下先生培育人才的秘诀，其中有一个非常重要的前提，即松下先生看待人类的视角。1972 年 5 月，松下先生发表了《新人类观的提倡》，文章表达了几个核心思想。

一是关于自然的法则。松下先生思考着宇宙的来源，万事万物总是在不断变化与发展，这种变化和发展就是宇宙当中最神秘的力量，即自然的法则，或者进化的法则。

二是关于人类与宇宙之间的关系。人类与其他动物最大的区别是人类顺应着宇宙变化的规律，遵循着自然的法则，进化到今天的样子，所以说，人类是伟大的存在，人类是宇宙的王者。

三是关于人类创造物质和精神的繁荣。人类利用万事万物生成发展的规律，利用自身的智慧开发隐藏在宇宙里的一切资源，最终创造了今天丰富的物质生活和多姿多彩的精神文明。

四是关于人类所面临的现实问题。尽管人类被赋予了伟大的使命，但往往陷入冲突与战争，人类总是追求繁荣和富足，但往往陷入贫困或不幸。这是因为人类面临着的现实难题，有的是客观世界造成的，有的是人为造成的，并不是每个人都能理解人类的优秀本质。

五是关于如何发挥人类的最大力量。松下先生认为，仅凭个人是无法发挥出人类最优秀的特质的，所以，人类要运用集体的智慧和力量。

人类利用上天赋予的优秀特质，通过运用集体的智慧与力量，创造出丰富多彩的物质世界和精神世界，人类一直在探寻一种更加美好的共同生活之道，这就是所谓的“新人类之道”。1975 年 1 月，松下幸之助发表《新人类之道的提倡》，其中包含五个要点。

第一，要深刻认识到“人类是伟大的存在”。人类具有钻石般的特质，所以经营者只有发自内心地相信人、尊重人，才能尽心尽力地培养人。如果不相信人类的这种优秀特质，经营者是无法真正地培养出人才的。

第二，要承认并尊重人类的个性差异。世界因不同而多彩，个性往往铸就不同的成就。正因为这些差异，人类社会才会不断地进步和发展。与其指责他人短处，倒不如去发现他人的闪光点，放大他的优点，让他能够尽情地发挥才干。

第三，凡事要尊重规律，顺势而为。《道德经》里有关于“道法自然”的哲学思想，老子对天、地、人乃至整个宇宙的生命规律做了精辟的概括，本质上是警醒人们遵循自然规律，凡事顺势而为。松下先生在此基础上提出我们必须要以理智的心态，合情合理地对待万事万物。

第四，要有礼的精神。礼的精神是一种感恩精神，人区别于动物，其中最重要的一项精神就是礼。孩子有礼于父母，下属有礼于上司，晚辈有礼于前辈，人与人之间常怀感恩之心，社会必将呈现和谐与幸福的氛围。人有礼于万物，则人与万物和谐相处。

第五，善用众人的智慧。人类因为协作，才能战胜残酷的外部生存环境；人类因为汇聚智慧，才能共同过上富足安乐的生活。企业经营是同样的道理。现代商业社会讲究团队精神，注重合作意识，只有汇聚全体员工的智慧和力量，方能凝聚成一股强大的力量，推动企业迈向新的台阶。

◎ 启发与思考

你是如何理解“松下育才七钥匙”的底层逻辑的？其中哪几点是你感触最深刻的？

企业教育培养的是临床家

> 企业教育培养的不是学者而是临床家，企业教育的根本目的是为企业经营服务。

在松下先生看来，学校教育与企业教育的根本目的是不同的。

学校教育以学科为基础，根本目的是学科教育和知识传授。老师的主要工作是系统地将学科的知识教授给学生，学生除了获取知识外，还要形成科学的逻辑分析能力和思考能力。

企业教育的根本目的是为企业经营服务，企业通过工作目标和工作场景，将技能、专业知识、方法等教授给员工，以提升员工的工作技能、职业素养以及解决问题的能力。

企业教育分“工作场所内的教育”和“工作场所外的教育”两种类型，工作场所内的教育是以日常工作为目标的教育，上司就是老师，工作场所就是教室，上司通过指导、培训的方式使员工获得提升。工作场所外的教育更像学校教育，松下电器设立的学校、研修所、商学院等有完善的课程研发体系，还有专业的培训讲师。工作场所外的教育大多是非脱产的，即一边工作一边接受教育训练，当然也有三个月到一年不等的脱产教育。

企业教育最终要回馈到实际工作当中，由各部门负责人来考核学习的成果，并且将成果运用于日常经营当中。因而，企业教育非常注重有效性。教育的成果会直接影响业绩，关系到企业的经营成果，没有成果的企业教育是不可持续的。

可见，学校教育与企业教育最主要的区别是：学校教育只要把知识教授给学生就可以了，而在企业教育当中，仅仅教授知识是没有意义的，理论要与实践结合起来，教育成果要转化成企业经营的效益才有价值。

松下先生认为，我们应该将员工培养成临床家，把这个当作企业教育的目标或许是最恰当的。确实，只有经营管理的知识是无法经营好企业的，经营者要有实战经验才行，这好比一名医生，只有医学知识是不行的，得有临床经验才行。

商学院里教授了众多关于管理或经营的定义，我们无法轻易将它们推翻。然而，经商之道，做人之道，却不是商学院里可以教授的，更不是一成不变的。只有真正参与到经营实践当中，有过无数次切身的体验，才能算得上是一位“临床家”。

◎ 启发与思考

企业教育分为“工作场所内的教育”和“工作场所外的教育”，请你列出你所在企业在这两方面的实践及成效，并谈谈你对企业教育的看法。

经营者是最好的老师

> 经营者是企业大学的老师，需要启发并教导员工。

关于如何培养人才的问题，松下先生认为排在第一位的是企业要明确经营的使命。只有使命清晰，企业才能进一步明确经营的方针和理念，并且吸引到认可这样的使命和理念的人才。这样的人才，因为认可并践行企业所确立的经营方针，就能明辨是非，凡事能做出正确的价值判断。如果企业没有明确的经营方针和理念，领导者的政策摇摆不定，或者缺乏一致性，那么员工就会无所适从，如此一来，当然不容易培养出真正的人才。

有了清晰明确的经营理念后，经营者有责任向员工解释并正确传授，以确保他们彻底理解。经营理念不是挂在墙上的摆设，而应该融入每位员工的血液当中，这样才会产生效果。从这个意义上说，经营者是企业大学的老师，需要启发并教导员工。

经营者还要学会充分授权员工，人在被信任、被赋予责任的情形下，会变得积极、主动、进取、有担当。培养人才的最终目的是造就有经营管理能力的经营者。没有掌握授权艺术的经营者是无法完全激发员工潜能的。当然，授权是有严格要求的，否则各部门自行其是，公司将变得松散而混乱。授权的前提是先确定公司的整体经营目标，然后再将权限交给各部门负责人。

松下先生认为，经营者作为老师，不能只教授职业技能。这些固然重要，但老师还有更重要的一项任务，那就是对精神和品格的教育。毕竟每一位员工都是社会的一分子，能胜任工作又品德优良的才是真正的人才。

也许你会说，培养和教育一个人的精神和品格，应该是学校和家庭的事。但如今，很多人一生当中的大部分时间都在企业度过，企业承担的角色越来越重要。所以，企业在培养优秀员工的同时，还要为社会培养品德优良的公民。

经营者要成为“老师”的角色，核心职能是“指导”与“教育训练”（见图 2-1）。

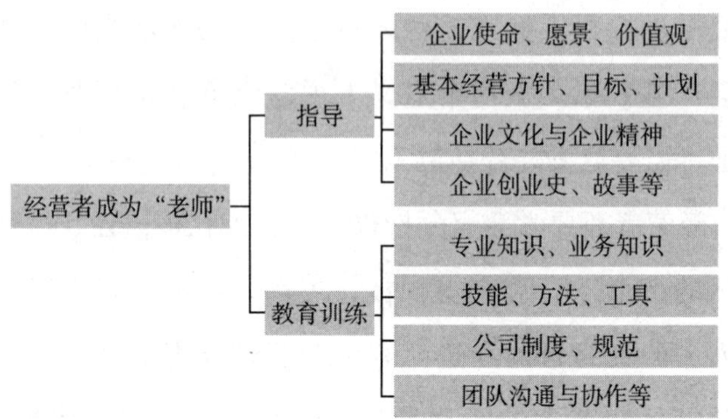

图 2-1 经营者如何成为“老师”

关于“指导”职能，经营者要让每一名员工非常清晰公司的使命、愿景、价值观，理解公司的基本经营方针、目标和年度计划，还要通过课程设计的方式，让员工了解企业文化与企业精神，并通过企业故事、企业创业史等方面的学习，培养员工的归属感，这是一堂必修课，而且要通过考试或考核的方式，确保员工清晰理解。

如果员工对方针、目标和计划“不清晰”“不会做”或“不想做”，只靠分配工作任务是不够的，必须要充分地教育他们，确保他们理解到位，纠正他们的错误等，这就是“指导”的职能。

关于“教育训练”职能，经营者要教授专业知识、业务知识、公司制度和规章规范以及工作的技能方法等。当员工面对某些工作出现“完全不知道”“完全不会做”

的情况时，经营者应该事先充分地把知识、技能以及有关的制度、规章教给员工。

那么，身兼老师角色的经营者，应该具备什么姿态才是正确的呢？松下先生提出四个字：以身作则。

老板、上司、前辈都是怎么做事的，对工作的态度和对事情的处理方式如何，员工们都会看在眼里，记在心里。时间一长，员工们会有意识或无意识地加以吸收、消化，最后将其变成自己的工作方式和处理事情的原则。松下先生把上司做好模范的重要性概括为“不教而学”。

“我刚开始创业做生意的时候，员工非常少。因为是小公司，所以我打电话时，员工就在旁边听。年轻的员工听了几次以后，等到自己要打电话的时候，就模仿我的说话方式。这样一来，公司员工打电话的方式就形成一种统一的模式。外面的合作伙伴、客户都说，我们公司的每一名员工都很会打电话。其实，这并不是我刻意教的，而是不教而学。”

松下先生讲述了自己刚创业时的故事，他认为，在工作场所，前辈们在做事，年轻的员工在旁边帮忙，他们耳濡目染、不知不觉地把工作方法学会了。

上司担任着“老师”的角色。那么，既然是老师，上司给到下属最好的教育就是以身示范，比如上司对工作充满热忱，那么也会培养出热忱的下属；上司在工作中不断寻找创新方法，那么下属也会不断地改进工作方法。相反，上司把公司的规定破坏掉，这种“反教育”的后果会十分严重，因为下属也会按照错误的做法工作。所以，在企业教育当中，上司作为老师的角色非常重要，上司要严于律己，以正确的态度和方法做事，认认真真地指导下属才行。

上司用正确的态度和方法工作就是给下属最好的教育。现实中的情况却常常相反，上司把公司规定的正确做法破坏掉。例如，公司教育新员工要守时，上班不要迟到，而上司却经常不守时，迟到了也不当一回事；公司教育新员工处理顾客投诉的正确方法是虚心接纳、学会倾听等，而上司却常常背道而驰，做着“反教育”的错误示范。这是特别需要警惕的。

松下电器的人事基本方针

松下电器订立的“人事基本方针”，是各层级管理者教育下属的指导方针。1957 年，时任松下电器人事主任的高桥荒太郎，在全国 34 个分公司和事业部开展了巡回宣讲。

松下电器的“人事基本方针”总共分七个要点，同时对各个要点做了详细而明确的说明。

第一，管理者必须要充分彻底学习和理解松下电器经营的基本方针，此为首则。

第二，管理者必须要强烈认识到企业经营成败的根本在于人，“人即企业，企业即人”。

第三，管理者必须要有仁爱之心和体谅之心。培育人才要有一颗慈爱之心，要真正地关心人才的进步和成长，犹如母亲哺育婴儿一般。

第四，管理者尽量少用权力驱使别人，多以理解和信任使人自主地工作。

管理者拥有权力，但应该尽量少使用权力对付下属，更不能滥用权力。以权力驱使人工作，不能得到他人真心的协助。优秀的管理者要多体谅下属，并充分信任他们，从而让他们拥有自主工作的热情。

第五，管理者要培养人才，要经常激发下属强烈的意愿。意愿决定一个人的成就。

第六，管理者要适度授权，让人才负起责任。

责任与权力对等，给予多少责任，就要相应地给予多少权力。管理者要适度授权，对于琐碎的地方，尽量不要干涉，否则下属就会失去创造的热情，并产生依赖的心理。

第七，好的经营，必须使员工真诚合作。

以上七大项，是松下电器的人事基本方针，也是指导各层级管理者培育员工的指导方针。最后，松下先生提出教育员工最重要的原则，他说："在企业是经营者，在商店便是店主，在事业部叫部长，在各项目小组叫组长。一个单位的负责人能以身作则、热心工作，这才是培育人才的根本原则。"

◎ 启发与思考

1. 新年伊始，企业都会有一批新的员工加入，作为企业创始人的你，准备给全体新员工上第一堂课。那么，你作为"老师"角色的第一堂课，应该如何设计你的课程框架呢?

2. 你所在企业的人事（人力资源）基本方针是什么?

造物先造人

> 企业首先是培养人才的教育机构，然后才是生产经营的场所。

松下电器开展人才培育工作的经验是，人才的培养以自我启发为基础，以上司的关心和指导为核心，以在工作实践中学习、培训而不断提升为主要方式。换句话说，松下电器培养人才的主要职责不在公司的人事部门，而在各生产经营部门，成才的根本动力在于员工自己。

松下电器的规章上明确规定，生产经营部门的主要负责人是本部门员工教育和培训工作的第一责任人，因为只有他们才最清楚自己部门员工的实际水平以及工作岗位的要求。任何一个生产或销售部门，尽管年度业绩不错，年终核算也是盈利的，但如果员工教育培训工作没有做好，考核不及格的话，那么这个部门的负责人也是不称职的。

这样的制度和规定，让各级行政领导产生有责任为公司培养接班人的强烈意识，他们大都以松下先生为榜样，尽力为公司寻找和培养年轻的接班人。对培养人才有杰出贡献或突出表现的部门负责人，松下电器将给予奖励、荣誉及晋升的机会；对参加学习培训，有突出表现，并获得极大提升的员工，人事部门将协助提升该员工的岗位薪资，提供轮岗锻炼的机会以及破格提拔的机会等。

那么，松下电器的人事部门又承担着什么职责呢？人事部门负责制定全体员工的年度教育培训规划，并为各分公司、事业部、生产经营部门的员工培训提供帮助和支持，实际上是一个总体规划、统筹协调及政策支持的角色。虽然松下电器规定人事部门不是人才培养的主要责任单位，但它有责任为各事业部门、各生产经营单位的人才培养提供规划和指导，并制定全公司的人才培养政策，以推动公司人才培养工作的顺利开展。

在 20 世纪五六十年代，松下电器的培训工作重点是为中层、基层及以下的管理干部提供专业技术、专业知识以及基础文化知识的教育。随着松下电器的业务拓展及经营区域的扩大，中高层管理人员尤其是具备国际化视野的高端人才极其缺乏，到了 20 世纪 70 年代，松下电器开始把人才培养的重点放在中高层管理人才上，培养目标是努力使每一位管理者成为将松下经营战略和企业文化融会贯通的“松下式管理专家”。

培养管理人才的主要的方式是在职教育和培训，具体方法主要有四项：第一，自我修养；第二，上司指导；第三，参加专题短训班；第四，管理实践。通过轮岗、代职、出国任职等方式，丰富他们的管理经验。

松下先生一生坚持“造物先造人”的育人理念，松下电器的继任者们也始终坚持这一理念，“造物先造人”的理念得以代代相传和发展。如今，松下电器已经创业百年，经过数代人的努力，培养出数以万计的优秀管理人才。

松下工学院

20 世纪 60 年代，松下电器已发展成为一家跨国企业集团，拥有十余万名员工，业务范围扩张至北美、欧洲以及南亚国家。

松下先生强烈意识到，与欧美国家的竞争主要就是高端人才的竞争。要想保持松下电器的国际竞争力，就需要大量培养三类优秀人才，包括具备新产品研发能力的高科技人才、懂得现代企业管理的高层次人才以及能够开展国际化业务的国际型人才。

除了从欧美国家引进人才外，松下电器加大了公司内部培养人才的力度。1977 年，松下电器正式成立“教育推动总部”。该总部下设松下教育训练中心、职能训练总部、教育开发室和松下工学院。

松下工学院初建在京都市，其前身为 1934 年成立的松下电器员工训练所，为适应形势，1960 年改名为松下工学院，1977 年开始，工学院被纳入松下电器教育推动总部进行统一管理。

松下先生提出“用松下成功的案例和精神训练松下人”的教学原则。松下工学院严格遵循这项原则，教学课程的设计紧密结合松下电器的业务实际，其从各业务部门中挑选业务骨干、销售精英，聘请他们担任兼职培训老师，帮助他们研发课程，并给予相应的培训补助。

接受培训的人也是要经过严格考核和精心挑选的。按照松下电器人事部门的政策规定，培训对象由各生产经营部门选送，但费用要由本部门承担。所以，各部门选择派送什么人，都会做认真考虑和选择，参加培训的员工也会十分珍惜难得的进修机会。

松下工学院开设的培训课程除了销售与市场之外，还有技术与管理相关课程。培训以案例教学为主，学员研讨、动手实践和实习占了大部分时间。工学院教学的目的是让学员掌握实操能力和分析、解决问题的能力。

松下工学院的大部分教室都是由工厂改造的，里边除了传统的教学设备外，还安装有相关的机床、电工设备和测试仪器等，课程设计与松下制造厂的实际操作流程完全一致。这样一来，可以让教学、培训与实操紧密结合在一起，效果立竿见影。

从 20 世纪 70 年代起，松下工学院开设“星期六现代企业管理讲座”，主要目的是通过分享现代企业管理的案例、经验、方法以及国际电器行业相关的最新资讯，扩大员工的视野，提升员工的综合认知水平。分享老师包括国际级的专家、学者、企业家，也包括松下电器内部的高管，分享主题要求前沿、有深度、有价值。这里特别要强调的是，公司内部有资格分享的高管被要求有出国考察的经验，他们需要对某一主题做过深入系统的研究，还必须认真备课，力求演讲精彩、生动有趣。这对于分享者来说是挑战，但也是锻炼的机会。分享者的演讲能力得以快速提升，这也利于松下电器发现人才、成就人才，造就更多优秀的内部讲师。

日本某专业机构经对比调研后发现，参加过松下工学院系统学习培训的学员，其实际操作能力要比普通职业学校的毕业生高很多。松下电器人事部门的调查反馈报告也证明，绝大多数学员回到工作岗位后，其工作业绩、解决问题的能力都比培训前有很大的进步，由此更坚定了松下工学院坚持开展教育培训工作的决心。

松下电器马达事业部前负责人伊藤先生曾于1977年参加了一年的松下工学院专业培训，后来他回忆说："在工学院的一年训练时间里，我熟悉并掌握了各种机械制造的基本知识和技术，拓宽了自己的眼界，培养了自己长远的视野，掌握了学习要领。毕业后返回工作现场，即使在实际中出现了问题，我也懂得应该如何处理了。"

松下商学院

松下商学院矗立于日本著名的旅游胜地琵琶湖畔，是一座美丽的花园式庭院。松下商学院始建于1970年，宗旨是为松下电器培养销售精英，学制为一年脱产封闭式。松下商学院是松下电器开展企业教育的重要实践基地，自创立以来，为松下电器培养了数万名销售骨干和精英人才。

松下商学院被誉为松下版的"西点军校"，它的严格程度闻名遐迩。它融中国古典哲学与西方现代企业管理于一炉，道术结合，教育训练方式既古典又现代，既严谨又有趣。

创立之初，松下先生明确提出松下商学院的纲领是“坚守产业人的本分，以期改善社会生活，为世界文化的发展做出贡献”，同时又提出商学院的信条，即“和亲合作，全员至诚，一致团结，服务社会”。

从松下商学院的纲领和信条中我们可以看到：人才教育培养方针要与企业的经营使命和理念相结合，由此才能培养出企业经营所需要的人才；人才教育培养方针要与企业的价值观和核心精神相结合，要重视道德教育，强调团队精神。

松下商学院还有非常有趣的作风：寒暄要大声，用语要准确，行动要敏捷，服装要整洁，穿鞋要讲究，扫除要彻底。

我们再来看看松下商学院学员一天的学习和生活安排，总共有十三项之多，从清晨 5 点 30 分开始，到晚上 10 点 30 分结束。

日程设计如下：

第一项：升旗仪式。清晨时分，松下电器的旗帜冉冉升起。

第二项：行感恩礼。全体员工在集合点名后，面向故乡，遥拜父母，表达对父母的感恩之情。

第三项：早操训练。全体早操，列队跑步 3 ~ 6 公里。

第四项：早饭仪式。全体员工在早饭前要正襟危坐，并口诵“五观之偈”。

第五项：早课修习。1个小时的商业道德课程，以中国古典哲学课程为主。

第六项：早会仪式。全体师生齐聚，一起朗读松下电器的信条以及松下七精神等。

第七项：自由交流。早会后，短暂的休息及自由交流，部分以组为单位交流心得。

第八项：专业课程。这是一天中最重要的学习训练时间，学习内容包括专业课程，如市场学、营销学、管理基础、经营思想等。

第九项：自由活动。经过一天时间的学习后，会有2个小时的自由活动时间，学员可以进行体育锻炼，也可以自由阅读。

第十项：茶道仪式。晚餐过后，有一个茶道仪式，大家席地而坐，品茶论道。

第十一项：行感恩礼。再次行感恩礼，感谢父母，感谢老师，感谢同修。

第十二项：总结反思。全体正襟冥想，总结一天的收获，反思不足的地方。

第十三项：休息就寝。大概在晚上10点30分左右，所有环节结束，全体学员休息就寝。

我们透过学员一天的学习和生活时间表，来了解松下商学院培养人才的方式。

第一，松下先生受中国儒家文化影响很深，从松下商学院的教育体系当中，我们可以看到儒家哲学的精神贯穿始终，核心目标是培养商业道德。

第二，面向故乡，遥拜父母，心中默念：孝，德之本也。身体发肤，受之父母，不敢毁伤，孝之始也。立身行道，扬名于后世，以显父母，孝之终也。

第三，早饭前口诵“五观之偈”：“一偈”，反思粮食来之不易，很多人为之付出辛劳，因而应当好好珍惜粮食，对劳作者表达感恩之情；“二偈”，反思自己的品行修养，自己是否拥有一颗真挚的为社会、大众服务之心；“三偈”，时刻保持自我反思，是否因过度的贪欲而迷失自我；“四偈”，每餐饮食要注意调配得当、食量适度，以更好地保养自身健康，保持精力充沛；“五偈”，每日餐前，提醒自己不忘使命，心存敬畏，服务社会。

第四，透过茶道，培养松下人追求完美、专注、专心的精神。

第五，一天的学习内容从商业道德到专业技能，松下电器致力于培育全方位发展的人才，这也是松下电器成功的关键所在。

◎ 启发与思考

1. 你从松下工学院和松下商学院的案例中，获得了哪些启发？

2. 松下电器试图培育一种什么样的企业文化？为此，松下电器采用了哪些方法和手段？

点燃员工的经营

“人的经营”是所有经营中的核心。

关于如何点燃员工，松下幸之助提出八字箴言：经营人心，洞察人性。这八个字又延伸出松下用人哲学的三个密码——“人才是需要被教育的”“人心是需要被激励的”“人性是需要被管教的”。

明确企业经营的使命是点燃员工的第一步，也是关键一步。使命感最能激发全体员工的奋斗精神，明确事业的意义，让工作充满热忱。

企业与员工应该建立一种信任关系，这种信任的价值是更有效、更低成本的激励；企业还应该开展“众智经营”，让人人都可以参与经营，如此才能最大限度发挥员工的才能。

领导者还要学会授权，将工作委派给下属，如此既能培养下属的能力，又能让他们充满干劲。

本章重点讲述松下幸之助的用人之道。

使命召唤的力量

> 什么是从商者的使命呢？那就是消除贫困，让社会变得富足，人民变得幸福，让贫穷和饥饿从世间消失，用物质的满足来拯救人类。

松下先生反复强调“使命感”以及在此基础上制定的“经营方针”对开展经营的重要性。他认为，拥有什么程度的使命感，在多大程度上意识到它的存在，这些都会影响经营的效果。

松下先生回忆道：“最初创业时，工作只是为了填饱肚子，所以有了要制造电器产品的平凡念头。但过了一年，有五六个工人了，就需要为他们的未来着想。后来又有了十几家客户，也就不得不考虑他们的立场，自然而然地产生了责任感。虽然我们只是一家小厂，但感受到了使命感。”那时，松下先生的使命感还只是停留在要为员工的生活着想，为客户的立场考虑这样的程度。与其称之为“使命感”，倒不如称之为“责任感”更恰当些。

“虽然生意做得还算不错，但我却每日心情沉重。在我的店铺附近有人开了家一样的店，自然形成了竞争。虽然我们早就认识，关系处得也不错，但在生意上是竞争对手。在竞争中我占了上风，这于我虽好，但那家店却渐渐地变得不景气，最终倒闭了，员工也失业了。虽说竞争不可避免，但我心里还是有些沮丧的。”

松下先生产生了烦恼，并开始思考经商的意义。“经营生意到底是为了什么？难道只是为了赚点钱养家糊口吗？无论做什么，我都觉得心虚，强势不起来。”

松下先生卧床久久未能入眠，苦苦思索，最后终于恍然大悟。“那是因为从商没有使命感，这就是答案。对，没错。什么是从商者的使命呢？左思右想，我想到了，那就是消除贫困，让社会变得富足，人民变得幸福，让贫穷和饥饿从世间消失，用物质的满足来拯救人类，这就是我们产业人的使命。”

松下先生第一次提出了“产业人”的概念，以替代过去传统的“生意人”称谓。这是松下先生的伟大“发明”。

1932 年 5 月 5 日，松下电器召集全体员工聚集一堂，松下先生发表了影响深远的创业纪念日演讲，第一次提出“产业人的使命”，即消除贫困，造福社会，为人民建立幸福的乐园。松下先生号召全体员工为此努力奋斗。这一使命始终贯穿松下电器的经营管理，成为指导松下电器经营的最高纲领。

台下的员工听完松下先生的演讲后热泪盈眶，他们从来没有想到自己也是“产业人”的一员，他们的工作是如此崇高而富有意义。年轻的员工们争相要求上台发表感想，因为举手的人实在太多，原本规定每人三分钟的演讲最后不得不改成一分钟。

松下先生第一次感受到“使命召唤的力量”，更坚定了自己追求“产业人的使命”的信心。“过去很长一段时间，我都在从事经营方面的工作，我总是将方针予以明确。我常对员工们讲我的经营思路，讲经营的具体目标和最终目标，讲我的梦想和理想。”

松下先生反复强调，明确企业的经营使命之后，就要明确提出经营方针，使命与方针是相伴而生的。那么，什么是“经营方针”呢？

松下先生认为经营方针应该包括三大要素：

- 经营理念：经营是为了什么，以什么样的价值观致力于工作。

- 具体目标：即当前目标，当前要做到的程度。
- 最终目标：即最终要达成什么样的结果，在哪个终点着地。

如果经营方针不明确，下属就会不知所措。他们努力工作，把自认为好的结果呈报给上司，结果遭到上司的否定，甚至是训斥，这时下属会十分难过。所以，下属没能按上司所期待的方式去工作，没能取得上司所期待的结果，并不完全是下属的责任，很大可能性是上司没有明确地提出"经营方针"，也就是说，上司未能明确经营理念、具体目标和最终目标。

松下先生做了个比喻：猎人用猎枪打猎，只有当枪口、准星与目标猎物这三点达成一条直线时，子弹才能命中猎物。如果经营者不指出这三个点，仅指出猎物是什么，然后就撒手不管了，下属会感到"莫大的困扰"，也无法达成目标。因此，有了明确的方针，下属才会有自主性，才会清楚自己努力的方向以及前进的方式和意义，最终也才能成长。因此，不能明确经营方针的经营者是失职的。

经营方针对经营者自身而言，就如同"经营的拐杖""黑暗中的明灯"。经营者遇到事情时会左右为难，会考虑是该前进，还是应该改变方向或抽身而退，他们常常面临这样的局面，要比下属考虑得更多，更加苦恼。要能在这个时候准确无误地选择正确的出路，做出决断，就需要以使命和方针为标准来考虑，就像罗盘针指示方向一样。所以，“方针是经营者的回归之处”。制定了清晰、明确的方针，而且经营者坚决遵守该方针，其行动就会铿锵有力。员工们也会视其为有坚定信念的经营者，尊重、信赖他们，死心塌地地追随他们。

客户与合作伙伴如果对一家公司的理念和目标一清二楚，就会因为认同这家公司的理念、经营者的想法而愿意购买其产品，愿意与这家公司共事。清晰、明确的经营方针便自然而然地成为这家公司信用的标志。

那么，要如何明确经营的方针呢？松下先生说：“经营者首先需要思考、思考、再思考，需要从自己的内心深处去感悟。要领悟，透彻地想明白，再将其确定为方针。而不是头脑发热地提出方针，也不能照搬道听途说的东西。”方针必须要得到所有人的认可，不仅是经营者认同，还需要得到员工、股东、顾客和社会的理解和认可。只有经营者喜爱的方针，在实施时无法得到多数人的帮助和支持，最终，也注定很难实现。

众所周知，在确立并明示经营方针这件事上，松下先生是“拼上了性命的”。

◎ 启发与思考

1. 你是如何理解松下幸之助所提出的“使命感”和“方针”的？它们对于企业最重要的意义是什么？

2. 作为经营者，你是如何找到并明确企业的“使命”和“方针”的？

最坏的一年不一定最坏

> 在任何情形下，经营者都不能失去旺盛的热忱。

历经 1952 年的经济大萧条，1953 年的新年悄然而至。在大环境依然不景气的情况下，这个新年少了一些愉快的气氛，大家情绪低落，对新的一年充满迷茫和焦虑。

松下先生写了一封致全体员工的公开信，信的主题是“最坏的一年不一定最坏”。在信中，松下先生强调，无论在任何状况下，松下人都要有发现光明之路的勇气和信念，有视祸为福的坚毅决心。

以下为松下先生公开信的部分内容：

去年是经营上最多事端、最艰难困苦的一年。幸得各位同人始终如一，坚定奋发，终能让公司渡过难关，实在不胜感激。

虽然如此努力经营，成果还是不彰，对各位同人的报酬也不能提高，甚至未能发放奖金，这是过去未曾有过的事。而且人事升迁也暂时冻结，经营到了这种地步，责任应由我承担。作为一名经营者，我十分汗颜，要向各位谢罪。

然而，在另一方面，对于我们能平安度过最坏的一年，迎接充满希望的新春，我也深觉欣慰。

在我们漫长的一生中，有时会陷于不见天日的阴暗；有时也会诸事顺遂、畅行无阻而感到意气风发。所以我说，所谓人生，有正反两面。只有经历过这两种冷暖过程的人，才有资格谈论人生问题。目前，我们松下电器首次体验到人生的黑暗面，从此以后，松下电器有资格讨论社会、谈论人生，并议论和事业前途有关的各项问题了。

如此看来，这最坏的一年，不一定是最坏的一年，更可能是很有意义的一年。我们必须保持在任何时间、任何地点、任何状况之下，都可以寻找光明之路的能力，更要在事业经营上保持一种转祸为福的决心和信念，才能突破难关。

希望各位，体察实情，更要奋发图强。

今天我将发表我们未来的经营方针，希望全体同人多加研究，一旦确定，将以此作为今后的指导方针。我重申前面所说，如果我们在这新的一年有新的决心、新的力量、新的努力奋斗精神，那么今年，未必不是我们松下电器最有希望的一年。

我相信事实也必将是这样的。

松下先生还发起一场名为“精神总动员”的行动，号召大家在不景气时也要互道恭喜。“新的一年，新的希望，尽管大家都认为今年是困难年，但我相信应对困难最好的方法就是以积极乐观的心态，互相体谅，携手共同努力，突破困境。”

彼时，松下电器正在筹办一年一度的团体结队出货仪式，松下先生指示不仅要办，还要办得比往年更热闹，士气决定了一年的业绩，一个好的开头是成功的一半。接着，松下先生向全体员工发出呼吁，松下电器将以更好的产品与更周到的服务，屹立于不景气的大环境中。

松下先生强调，当市场景气的时候，顾客口袋里有钱，买东西毫不思索，用钱也不会精打细算；而市场不景气的时候，顾客消费的意愿就不够强，买东西也会左思右想，充分比对价格。所以，不景气的环境下，产品和服务就是企业的生命线。因而，松下先生强烈呼吁全体员工一定要生产出好产品，提高服务品质，在细节上打动顾客。

“逆境下见真章”，松下先生倡导大家要激发新构想，把经济不景气变成对所有人的一场考验，然后才能有一番作为。什么是新构想？比如：市场需要什么样的新产品？技术是否还有改良的空间？松下电器的产品定价是否合理？成本还能不能降低？

过去，松下电器每当面对困难时，都会有里程碑式的新产品诞生，这样的例子绝非偶然，而是危机之中，员工被激发出了新灵感或者新构想。由此，松下先生十分坚信，越是过去未曾有过的艰难局面，越可能创造奠定未来空前发展的基础。

松下先生发起一场“上下一气、全体员工服从总体经营方针”的总动员。在困难时期，公司要想渡过难关，关键是全体员工力往一处使，服从掌舵者。“公司在不景气环境中肯定会受到波及，海浪很大，船只肯定会摇晃，因而全赖所有人冷静地判断和通力合作。船长掌舵，所有人都要同心协力，上下一气，船才会向前行进。”

领导者绝不能失去热忱

商场如战场，在复杂激烈的竞争环境当中，需要有意志坚定的领导者带领团队打胜仗。面对困境，领导者必须要有战胜困难的决心，绝不能失去经营的热忱。在危急关头，员工也会时刻关注着老板的一言一行。

二战时英国著名的指挥官蒙哥马利元帅在自己的回忆录中总结一生的作战经验时说，一个领导者最优秀的品质之一，就是他在危急关头所传递出来的打赢战争的勇气和信心，尽管他内心可能并没有十足的把握。但这就是领导力的核心。

当企业处于极度迷茫和不确定的环境时，领导者要把自己内心燃烧的火苗一层层地传递给企业当中的每一个成员，并激发他们重新战斗的勇气，这是征服不确定性的最根本力量。

因此，即使企业遇到经济不景气而无法正常开展经营活动，领导者也必须设法防止员工士气低迷。假如领导者不知所措，对员工说“糟了，真是一点办法都没有”，那样只会让事情变得更加糟糕。

每当松下电器遭遇困境，松下先生会这样勉励员工：如果没有事情可做，明天就停工一天，但大家可以利用这一天锻炼身体、磨炼勇气 。但即使停工大家也不能荒废工作的技能，而是要利用这一天多加学习，提升自己，然后等待机会。

不景气的环境中培育人才

由人到人才的道路并不是完全平坦的，一个人能战胜困难，承受压力，才能成长为真正的人才。

松下先生强调，“人心”是复杂而微妙的。人在安逸的环境下很容易变得懒散。所以，中国古人常说的“居安思危”正是用来警醒人们的。

通常情况下，人一旦遇到困难，便产生恐惧，不知所措。此时，就应该利用超乎平常的才智与勇气来战胜它，经历了这个阶段，人才能真正成长，也才有向前发展的机会。

常言道，家贫显孝子，国难识忠臣。逆境下，企业才能识别真正的人才。在寻常的日子里，很难分辨良才和庸才，更难分辨哪些才是忠诚的员工，然而当企业真正面临危机和困难时，企业真正的人才就会脱颖而出。

企业培育人才也是同样的道理。万事俱备、事事顺畅的大环境通常是无法造就优秀人才的；相反，逆境之中，当企业被棘手的问题所困，员工在这种情形下才更容易得到成长。

因此，松下先生建议，不景气的时候正是培育人才的大好时机，也是教育员工和强化公司体制的机会。经营者不要浪费每一次危机。

◎ 启发与思考

从松下幸之助应对危机的案例中，你获得了怎样的启发？

每个企业都该有自己的“节日”

> 每一个企业都需要通过自己的“节日”塑造自己的企业文化、凝聚人心，让员工们形成共同的信仰和价值观，这一点非常重要。

企业要想有凝聚力，领导者就需要把众人的力量汇聚在一起，需要有一件“大事”让大家劲儿往一处使，为完成共同的目标而努力奋斗。

松下电器的这件“大事”就是每年年初的团体结队出货仪式。企业出货，原本是一件再普通不过的例行公事，但松下先生却让这一“例行公事”变成一年一度的重大盛典。

从 1934 年开始，松下先生决定在每年年初的某一时间举办规模盛大的年初首次团体结队出货仪式。1934 年的仪式选在了在 1 月 4 日的凌晨四点。大家都十分兴奋，干劲十足，凌晨两点开始陆续有人集合了。毕竟是新年伊始，大家都铆足了劲儿，想为年度业绩目标而冲刺。大家统一穿着松下电器的制服，外面罩着深蓝色印字短褂，个个精神饱满，喜笑颜开。

这一年共有 41 辆发货卡车参与仪式，卡车依顺序在宽阔的马路排成一条长龙，规模极大。所有卡车上都挂着松下先生亲手写的用来激励士气的标语，有的大字还墨痕未干，标语内容如下：在新年伊始，我们举行的盛大年初首次出货仪式，具有深远的意义。期望这一活动能成为本年度业绩增长的重要象征。

员工们早已把货品装满了卡车，整装待发。时间一到，松下先生进行简短的致辞，然后鸣炮，“壮士们”一口气喝光了盛在大碗里的酒，现场充满热烈的壮勇气势，每个人都处于一种即将奔赴战场的斗志昂扬的状态。

接着，隆重的出货仪式开始了。最先出发的是发往京都的货车，足足有十余辆，场面十分壮观。虽值新春，但天气依然十分寒冷，路面冰雪未化，货车长龙压过积雪后发出“咯噔咯噔”的响声。天还未亮，皎洁的月光正好照亮前行的路，一辆辆卡车缓缓驶向远方，载满希望和喜悦。

送走了京都班，接下来就是神户班。在众人盛大的欢呼和祝福声中，它们威风凛凛地出发。接下来就是发往大阪市内的各班货车了，这一阵仗十分壮观，员工们在玄关前面集合，带着紧张感，等待着松下先生的号令。激动人心的时刻终于到了，员工们迅速登上卡车，向各大城市中心出发。长夜即将过去，黎明时分来临，大大小小的锦旗插满了马路两边，在晨风中招展，一切都是那样喜庆而又充满希望。

很多大阪市民出来围观，松下电器特别准备了“喜糖”发给小孩和老人，以表感恩之情。原本这只是一家企业的一次出货仪式，却意外地成为当地民众关注和热议的一场“盛典”，这是松下先生始料未及的。

发货卡车分别开往各自的目的地，把新年首次出货的商品送到合作商家那里，所到之处鸣炮庆贺，热闹非凡。交接仪式隆重而充满仪式感，所有人围在一起，双手合十，祈愿新年生意兴隆。

卡车送完货后，一辆接一辆地驶回大阪工厂，意气风发地归来。每辆卡车的横幅上都显著地写着松下电器的标语，卡车一天往返于各大城市的各大街区，极大地宣传了松下电器，可以说这本身就是一次免费的宣传活动。

晚上，所有车辆归队，全体人员举杯共庆，松下先生亲自给员工们倒满酒，大家共同饮酒欢呼，士气大涨，人心归一。

自1934年后的数十年间，松下电器每年都会如此举办盛大的团体结队出货仪式，规模最大的时候，卡车过百辆，这已然成为属于松下电器的盛典了。松下先生说：“在我看来，正值新年，全体成员齐心协力，共同参与如此盛大的仪式，其意义可谓重大而深远。”

松下先生的这一“创举”给我们的启发是企业每年总要有一件事或是一次仪式，让全体员工万众一心，携手完成企业的重要使命。凝聚力和团结精神是需要通过共同的一件事或某种仪式来产生的。

事实上，松下电器一年一度的团体结队出货仪式相当于松下电器自己的“节日”。“节日”如果上升到社会文化范畴，就会具有更加深刻的社会历史意义。清明的祭奠踏青、端午的驱邪怀贤、中秋的合家团聚、重阳的登高望远、春节的辞旧迎新等，不管是欢乐还是痛苦，深刻还是轻松，这些不同主题的传统节日都有着丰富的精神内涵和文化意义。

回到企业的层面，企业其实也是一个“小社会”，每一个企业都需要通过自己的“节日”塑造自己的企业文化，从而凝聚人心，让员工们形成共同的信仰和价值观，这一点非常重要。

那么，企业如何形成自己的“节日”呢？

其实并不难，企业可以认真回顾整个创业历程，尤其是最值得纪念的事件或是最有象征意义的事件，比如企业宣布正式开业的日子，企业第一个产品上线的日子，或者一个重要的里程碑事件等等，挖掘和提炼其中蕴含的精神特质，如创业精神、创新精神、艰苦奋斗精神、甘苦与共的团结精神等，然后将其确定为企业自己的节日，转化成永久的精神财富。

在每年的同一天，企业通过举行一些特定的仪式，不断强化员工们的记忆，教导和激励大家积极传承优秀的企业文化基因，并使之融化在员工们的血液里，贯彻到每个人的行动中。形成企业自己的主题节日，是企业文化的主要表现形式之一，而节庆仪式正是传播和传承企业文化的有效途径。

◎ 启发与思考

企业的“节日”是如何塑造企业文化的？作为领导者，你又是如何通过企业“节日”激励人心的？

培养有干劲的人才

> 使员工获得最大满足感的是完成最具挑战性的工作，获得高度的认可和尊重，并以此获得物质和精神方面的奖励，能力得到极大的提升。

松下先生曾提出工作成果方程式：工作成果 = 能力 × 干劲（热忱）。这是一个乘法公式，相关要素只要有一个为零的话，公式的结果也会为零。

松下先生说，无论一个人的能力有多强，干劲（热忱）是零的话，工作成果也等于零。相反，能力 60 分的人，只要有干劲，就能取得一定的工作成果，而且越有干劲，越得到能力方面的提升。

但是，许多经营者都会面临这样的问题：公司想培养主动做事、有干劲的人，可是，公司的员工状态都很消极，只做被要求、被命令的工作。这就需要我们搞清楚影响一个人工作干劲的深层原因是什么。

松下先生提出：影响人做事的干劲（热忱程度），有外在（客观）和内在（主观）两大方面的因素。

从外在因素来看，如果一家企业在政策制度与管理方式、管理者的领导能力和做事方式、薪酬待遇与福利制度、工作条件和工作环境等方面有缺失或不公平的现象，就会引起员工的不满。公平、健全的组织制度，满足员工基本要求的薪资待遇和工作保障等是员工产生干劲的基本条件。如果这些基本条件都无法满足，员工必定会产生强烈的不满。但是，仅满足这些基本条件是不够的，还要考虑内在因素。内在因素是从工作中产生的，包括完成工作任务后能否得到肯定，工作是否有参与感和被尊重的感觉，从工作中能否产生价值感和意义感等。

在松下先生看来，使员工获得最大满足感的是完成最具挑战性的工作，获得高度的认可和尊重，并以此获得物质和精神方面的奖励，能力得到极大的提升。

松下先生一向主张倾听员工的声音，采纳他们的建议或意见，并在此基础上逐步“制度化”，于是便有了松下电器的“建议制度”。

“建议制度”又被称为“改善提案制度”，员工在工作中一旦发现现有的流程、方法或制度有不合理的地方，即可提出改善建议。一旦建议被采纳，即可在全公司推广实施，而提出建议者也可以获得一定的奖励或荣誉。

“建议制度”旨在鼓励员工参与到企业管理的工作改进当中，下情上达，可激发其主人翁意识。“建议制度”有着显著的优越性，是合理运用员工集体智慧的重要手段。

任何一家公司要想提高经营的成果，很重要的一点是“员工和睦”。所以，松下先生将“人和”作为经营第一义。“人和”反映在经营上，最好的方法就是“建议制度”。松下先生常常对员工说：“每一个人，凡是你认为对公司有帮助的建议，无论大小，请不客气地向上司或是社长本人提出。我承诺，公司将认真听取各位的意见，并且对其进行整理和分析，以此来改进公司领导的方式。不过有时候，各位所提供的好的想法，有可能会因为客观原因还不能立刻被采纳，但是我们一定会找一个合适的时机，将大家的建议落实。”

有一次，松下先生到了公司附近，恰好是各工厂的上下班时间，员工很多，而且因为下大雨所有人都撑着伞，松下先生感觉整条大马路挤满了人，相当的热闹。目睹此情此景，松下先生十分感慨，顿感责任重大。因为这一大群员工都是为了将来的幸福，满怀希望并夜以继日地工作。

此时，松下先生脑海中想到的问题是：全体员工每天是否都工作得很愉快？他们的生活是否幸福？松下先生发自内心地期盼着每位员工每天都工作得很愉快，这样积极向上才能有所进步和成长，公司也才能有所发展。

那么，有什么办法才能做到呢？松下先生觉得，不能只靠他一个人思考这个问题，而是要汇集众人的智慧，才能得到理想的答案。于是，松下先生想办法将这种构想制度化、规范化、常态化，这就有了松下电器的“建议制度”。

松下电器“下情上达”的公司风气是很有名的。1978年，正好是松下电器创立60周年，松下先生积极鼓励大家为公司未来的发展提供建议。结果，在接下来的1年间，公司总共收到177万条建议，第二年没有大力鼓励，仍然收到157万条建议，平均每人提出了24.8条建议，某事业部甚至平均每人每年提出86.2条建议。

所有建议都会被转送到审查员那里，即使建议不被采纳，审查员也必须明确回复不采纳的理由。例如，你的建议已经有人提过了，如果这个地方能再进一步设计的话，也许我们就会采纳等。然后这些回复会一一送到建议者手上。

尽管这样的制度会占用公司的人力成本，但松下先生认为，如果不形成标准化的处理流程，建议制度就会名存实亡了。建议制度是发挥员工干劲的最低成本的方式，无论建议被采纳还是不被采纳，员工都有表达的权利。当然，凡建议被采纳的人，都会得到一定金额的奖金和荣誉，以资鼓励，所以在松下电器有一个口号是“请拿出你的主意去换金钱”。

松下电器将“建议制度化”的三个步骤如下。

第一步：提前制定好统一的“建议表格”，并分发给各部门，确保每一位员工可以随时向公司提出建议。

第二步：及时收集、梳理、审核各项建议，反复斟酌，认真评判，并在规定时间内给予建议者反馈，决定采纳或是不采纳。

第三步：经常向员工公布建议的采纳情况及实施推广情况，并对建议采纳者发放奖励或荣誉。

建议的内容涉及经营管理、生产制造、技术改进、产品研发、人事方针等方方面面。松下干电池的生产线在布局、工艺、技术等方面，都是由员工的建议改良而成的，结果是成本比以前更低了，效率更高了，浪费更少了。传送带上作业的女工发现原有的作业指示图不是很合理，经过自己实际操作后她便提出改良意见，结果证明了她的提案更符合实际流程。这样的案例不胜枚举，员工因为有了“建议制度”，在工作中就会经常思考是否有改进的余地，这样他们的工作也变得更加有意义了，主动性也更强了。

除了建议制度，松下先生还常常走到一线听基层员工的声音。松下先生常常提醒各层级管理者，要他们多听取下属的建议，如此才能让下属对工作充满热忱、充满干劲。

◎ 启发与思考

1. 松下幸之助所提出的工作成果方程式中，包括“能力”和“热忱”两大要素。在日常工作中，你是通过什么方法来提升员工能力的？

2. 松下电器的“建议制度”对你有怎样的启发？作为经营者的你，又是如何开展众智经营的？

提升员工能力的六步法

> 通过科学的教育训练方法，以及设定更高的挑战目标，员工能力可以得到不断提升。

松下先生认为，人的能力提升是在完成高难度或挑战性任务的过程中实现的。当一个人被赋予超越个人所能达成的更高目标，或是全新领域的工作，一旦达成目标或完成挑战，这个人的能力就会显著地提升。

关于如何提升能力，松下电器前副社长中尾哲二郎讲述了他受松下先生委派，设立电热器制造部的故事。

松下先生对中尾说："松下电器这一回想自己生产电热器，你怎么看？"

"很有趣的事。"中尾点了点头。

“我用过电热器，是非常方便实用的东西。可是，以现在的价格，大多数人是用不起的。所以，我想尝试做一个大的改良设计，并进行合理的生产、销售，让成本和价格降下来，制造出能使大多数人能买得起，甚至靠租房生活的人也买得起的电热器。中尾，你愿意试试看吗？”松下先生充满期待地看着中尾。

“这是非常棒的想法，也是很有意义的工作。可是，我完全不懂电热器。当然，我对机器加热之类的多少有些经验，可是，关于如何研发制造电热器，我的经验可以说等于零。”中尾如实回答。

“你能做到，我相信你一定能做到的，中尾你试试看吧。”松下先生如此勉励中尾。

松下先生就是这样勉励人的。他首先让对方理解做这件事的社会意义，然后给予充分的信任，赋予适当的责任与权限。当受到如此有意义的委托后，中尾最终还是答应了，他说：“我的能力有限，也没有百分之百的把握，但我愿意全力以赴。”

中尾接受任务后开始了电热器的研发工作。他到处去找有关电热器制造的书，发现市面上竟然连一本专业的书都没有，没有办法他只能找相近原理的图书，最后在一个图书馆找到了一本关于“工业电热”的教材。买回来后，经过好几天通宵达旦的研究，他终于理解了电热器的底层技术原理，然后夜以继日地设计、研发和购买设备等，当然，这期间有无数次的失败记录，但最终中尾还是成功研制出松下电器第一台电热器，这一产品一经上市，马上成为市场的“爆品”。

松下电器教育训练中心为各层级管理者编写了关于“如何指导下属”的图书，书中有关于“使员工能力提升的训练”的相关内容。以下是用流程图分解的使员工能力提升的过程（见图 3-1）。

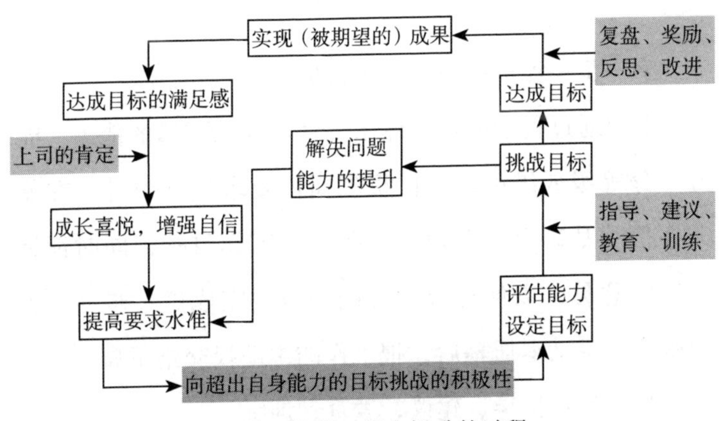

图 3-1 使员工能力提升的过程

“使员工能力提升的过程”还可以被提炼成“使员工能力提升的六步法”（见图 3-2）。

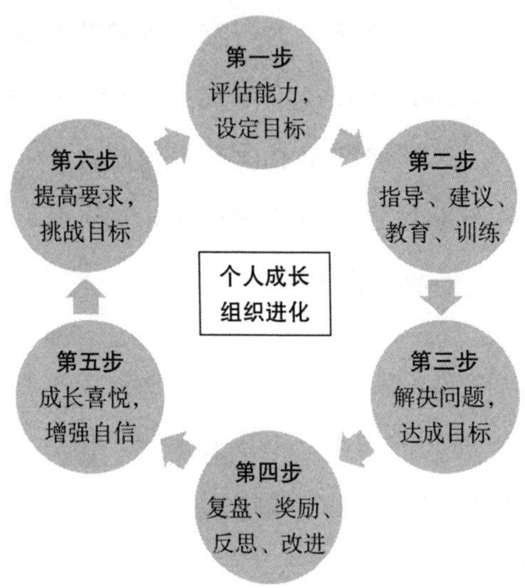

图 3-2 使员工能力提升的六步法

第一步：评估能力，设定目标。

上司通过科学的评价体系，客观评估下属的能力，能力可分等级或维度，具体根据岗位要求进行设计。在能力评价的基础上，上司为下属设定工作目标，同时征询下属的意见，以便达成目标的一致。完成这一步后，上司就应该主动退居幕后，把工作的主动权交给下属。

第二步：指导、建议、教育、训练。

上司虽然把工作任务交给了下属，但仍然需要对整个过程保持关注，当下属陷入迷茫而导致事情无法继续开展时，上司该出手时就出手，并给予一定的勉励，还要开展教育和培训。上司一定要站在更高的视角去观察，从更长远的发展角度去帮助下属成长，授人以鱼，不如授人以渔。

第三步：解决问题，达成目标。

下属通过努力，解决工作过程中的问题，达成了既定的工作目标，此时，上司应该及时给予肯定和赞扬。这对于下属来说是十分重要的，但这也是上司常常容易忽视的地方。

第四步：复盘、奖励、反思、改进。

上司要带领下属进行经营复盘，尤其对做得不足的地方，要进行反思和总结。该改进的地方一定要明确指出，并以平等沟通的方式，帮助下属理解改进的方向，如此一来，下属才能进步。

第五步：成长喜悦，增强自信。

下属会因工作达成目标并获得成长而倍感喜悦，获得精神上的满足，自信心也会因此而增强。在此过程中，下属将更加理解工作的意义，也更加期望向更高的目标发起挑战。

第六步：提高要求，挑战目标。

上司提出更高的工作目标，并再次与下属商量后达成一致，下属开始向新的目标发起挑战，由此进入新一轮的成长周期。

如上所述，向超出自身能力的更高目标挑战，在努力与奋斗的过程中，所获得的知识和经验将能够帮助你挑战下一个工作目标。在这个过程中，人的能力自然而然地会提升，进而实现“个人成长、组织进化”的目标。这就是领导者通过日常工作指导和训练下属的方法。遇到困难的事情，只要上司多加勉励，给予下属充分的信任，下属将极有可能完成任务。当完成任务的时候，他的能力自然就会获得提升。

◎ 启发与思考

“个人成长、组织进化”是每一位企业经营者都要思考的问题，你从松下电器的“使员工能力提升的六步法”中获得哪些启示？你又是如何有计划地训练员工的能力，进而推动组织进化的？

将工作委派给下属

> 上司要努力，给予权限；下属要努力，把握权限。

七分看长处

松下先生在创业早期就大胆地把重要的工作交给下属负责。松下先生为何能这样做呢？那是因为他始终尽可能地去看下属的长处，而不是看其短处。

松下先生建议，看待下属要“七分看长处（优点），三分看短处（缺点）”，这也是他用人的一项重要原则。“如果我尽量看人的短处，我不但不能放心用人，而且会因为一直担忧那个人会失败而更加操心。”同样地，倘若只看到下属的缺点，领导者对经营的信心就会减弱，这种状况对企业发展毫无益处。

松下先生在用人时常常对自己说："用那个人吧，他一定可以胜任的；那个人有过很多不错的经验，让他做部长吧，他必定能够尽职尽责。"以这样信任的态度对待下属，下属也一定会好好工作，尽全力完成任务。

美国著名心理学家和行为科学家维克托·弗鲁姆在《工作与激励》中提出著名的"期望理论"，这一理论的核心主张是"人们会成为你所期望的样子"。"期望理论"和松下先生提出的"要相信年轻人""让年轻员工成长为你想要的样子"等观点不谋而合。"期望理论"特别适用于年轻员工，是管理年轻员工的最好的方法之一。

1926年，松下先生计划在金泽设立办事处。当时，松下电器的实际情况是人才短缺，资历较深的干将屈指可数。总部人才都不够用，更不用说外派了，年轻的员工又无法独立去往外地开拓市场。设立办事处的事迟迟无法推进，也让松下先生十分操心。

一天夜里，松下先生辗转难眠，脑海中突然浮现出一位年轻职员A君。

"对了，那个人一定行。""因为年轻，所以不行"，这不能成为松下电器的用人理念。松下先生突然醒来，深夜打电话通知年轻职员A君第二天早上找他。

时间到了第二天上午，A君准时来到松下先生面前，以为自己做错了什么事。松下先生开门见山地说："是这样的，我决定在金泽开设办事处，我昨晚想了又想，觉得你可以胜任负责人一职，你回去收拾下东西，明天就启程。"

A君怀疑自己是不是听错了，立即回答："松下先生，您是让我去金泽，担任新的办事处负责人？"

"是的，没错。这里给你准备了300日元作为启动资金，你拿去吧。去租个小店，开启工作。"松下先生把装着300日元的信封递给了A君。

"可是我才二十岁出头，而且进公司也才两年时间，这么重大的任务，我能胜任吗？"A君有些吃惊地望着松下先生，他简直不敢相信眼前这一切。

"你一定能做到的，我相信你。"松下先生看出他的不安与紧张。

听到这句话后，A君也不再犹豫了，他接受了这项重大的工作任务，并立刻收拾东西，第二天即启程前往金泽。

A君到达金泽后，马不停蹄地开展工作，并把每一项工作的进展都通过写信的方式告知松下先生。很快，店面找到了，简单装修后便开始筹备开业。此时，松下先生从总部派出三名职员前往金泽，一切都很顺利。

松下先生后来回忆说，当时他相信A君能办成这个事，这与其说是对A君的信心，倒不如说是对年轻员工的信心。

当企业发展到一定规模，员工越来越多时，经营者若能够经常看到员工的优点，这是比较幸福的。仅仅老板一个人能干，经营是不会取得成功的。毕竟一个人再怎么能干，能做的事情也十分有限。善于发现每一位员工的优点，企业才能无限量地发展。

松下先生同时强调，虽然经营者要尽可能地看到下属的长处，但也要有一个限度。所以他的经验是“要留三分看短处”，短处如果严重阻碍工作，就要及时指正，必要时要做出调整。

交给他却不交给他

松下先生不拘一格用人才，总是能大胆地把工作任务委派下去，并给予相应的权限。但其实委派工作也是一项艺术，处处体现着领导者的用人哲学。

松下先生曾提出：“交给他却不交给他。”这句话看似矛盾，其实表达的正是委派工作的艺术。“交给他”指的是把工作任务交出去，赋予责任；“不交给他”指的是不能完全把责任抛出去，经营者要对最终结果负责。

委派工作给正确的人是高效完成工作任务的保证。然而，经营者不可能永远都选对人，伯乐也不是每次都能相中千里马，更何况千里马并不常有。当经营者把工作任务交给某一下属后，发现下属有明显的缺点，这时经营者有义务及时指出并纠正对方。假如下属实在无法改正，那么经营者只能换人。

松下先生认为，无论任何时候，经营者要有“我一定要对最后的结果负责”的态度。尽管任务已经委派给下属，但经营者要始终保持对任务的关心和过程的监督。当下属工作进展得十分顺利时，经营者要给予鼓励和信心；当下属工作遇到阻力停滞不前时，经营者要指导下属解决问题，推动事情往前发展。

这里其实存在一个“度”的问题。一方面，经营者既然已经授权，就不要过度干涉，尤其是对工作的细节，干预过多，下属就会完全失去创造的热情和自主发挥的勇气。另一方面，经营者也不能完全放任不管，放任不管容易失控，最终事情容易到无法挽回的境地。总的来说，经营者要“睁一只眼，闭一只眼”。

从下属的角度来看，一方面，要掌握这种微妙的关系，既然经营者已经将权责交给自己，就要好好把握，珍惜这份委托和信任，竭尽全力完成目标；另一方面，也不能妄自尊大，该汇报的事情要如实汇报，该寻求帮助时要大胆提出。

经营的成败在于人，因而委派工作确实举足轻重，不能马虎草率，任用与被任用，委派与被委派，都要认真对待。如此，才是正确的经营之道。

关于如何把正确的事情交给合适的人去做，如何委派工作才能使员工感到有意义，这些都是松下幸之助经常思考的问题。他认为，只有以正确的方法委派工作，才能激发下属的热忱，下属才能产生强烈的工作干劲。

委派工作既要考虑“质”，又要平衡“量”，要使“职务充实化”，给予员工职务范围内的权限和责任，让他们创造性地完成工作。关于如何使下属感到被委派的工作有意义，具体方法见表 3-1。

表 3-1　使下属感到被委派的工作有意义的方法

方法	人事指导方针
• 赋予工作权限 • 增加每个人相应的工作责任	• 各负责人必须要信任员工，并赋予他们与职务相对应的工作权限，让他们对自己的工作负责 • 给予员工与责任相当的权限。在他们的责权范围内，充分发挥他们的创造力和设计能力，让他们开展最完美的工作
• 尽量不要干预下属所负责的工作	• 对于烦琐的细节，倘若上司也要指挥的话，会使下属失去创意和设计的积极性。这不仅无法让人展现自己的风采，而且也会让人养成依赖的心态
• 赋予新的、更有挑战性的任务 • 给予需要展开研究的工作，使他成为专家	• 人只要有意愿，一定会朝着更高的目标奋斗，并且会深度思考：如何才能实现目标。人们会将新的创意用于实现他们的愿望

（续）

方法	人事指导方针
• 对下属的工作成果，要及时给予反馈	• 关注下属的成长，该严厉时要严厉，需要他们理解的事情要诚恳说明，使他们理解透彻。上司要经常爱护、关怀下属，留意下属的进步 • 将可能的失败看作培养下属的学费。让下属自觉其失败的原因，并使失败变成工作向前发展的踏板
• 赋予下属自己“计划—实施—统制”工作的权限	—

在委派工作时，松下先生还有一个简单有效的方法来激励员工，他会告诉每个人“你很重要，这个工作很重要”。经营者必须让员工感受到自己很重要，同时责任重大。

除此之外，还有哪些方法可以让员工觉得自己很重要呢？松下先生有三个小秘诀。

第一，记住员工的名字。记住员工的名字，是经营者让员工感觉自己被重视的最有效的方法。因而，松下先生会提前了解并记住受委派员工的名字、出生地以及家庭情况等，他会认真对待这些信息，以确保他能在第一时间叫出某个人的名字。

第二，有事情多找员工商量。对于与委派工作相关的下属，要及时倾听他们的反馈，重要决策要与他们商量，这是起码的尊重，也是培养员工责任感和主人翁意识的重要手段。

第三，公开赞美或表扬。这是效果显著且成本最低的激励方式，会让员工感到倍受重视和肯定，由此产生更加强烈的自信心和责任感。

上司赋予职权四步法

松下电器教育训练中心编写了与“上司赋予职权时的态度”相关的指导内容。松下电器的授权制度，即“上司赋予下属职权”，一共分四个步骤。

第一步：认识到“授权”会产生责任感。

经营者设定好授权的内容和范围后，就得完全信任下属，同时必须把“约定”的职权赋予下属。

这里所指的“职权”是指：

- 决定权：在授权的内容和范围内，对特定的主题、决策、人事等具有决定权。
- 命令权：在授权的内容和范围内，对相关人员可发出指令，对人事具有调动和安排的权力。
- 行为权：在授权的内容和范围内，可以自行从事相关的经营活动或进行相关的工作安排。

这就是职权的三项内容。最重要的是约定好内容和范围，明确授权的边界，这样下属就能在职权范围内大胆地做事，也才能产生责任感。

经营者要意识到“授权是管理当中最有效的激励方式”，授权意味着要让下属自行做出正确的决策，意味着要信任下属，意味着他和你在同时承担着责任。当一个人被充分授权并被给予信任的时候，就会迸发出极高的工作热情，也极有可能产生更多的创意。

第二步：目标要明确，手段和方法可以灵活。

松下先生打过一个比方：假设目标是在规定的时间攀登到山顶，那么剩下的工作就交给下属，他们可以选择不同的方法和手段去完成目标。比如可以按部就班，安营扎寨，一步一个脚印攀登，还可以借助工具，寻找更巧妙的方法，加快速度完成目标。

实现目标的方法有多种，被委派者可以根据自己的判断、偏好和优势，选择自己达成目标的路径。委派者要给予充分的尊重，这样才能让被委派者产生真正的“责任感”。

第三步：适当地建言与指导。

经营者虽然授权了，但要明白事情最终的责任还是在经营者，因而中间过程要保持适当的关注，把握好大方向。当下属出现重大偏差时，要及时给予纠正；在下属迷茫不知所措时，要给予必要的指导，帮助下属更好地成长，以便达成工作目标。

第四步："授权"与"被授权"的努力。

虽然大家都强调授权的必要性，事实上，"没有实效"的现象也不少。授权不成功，多半是以下问题导致的。

- 下属的业务目标不明确，因而对责任范围不清楚。
- 上司没有完全信任下属，并以怀疑的心态对待下属。
- 缺少健全的制度保障，在形势无法扭转前，没能提早发现问题并纠正。健全的制度保障机制并不是以"监视"或"监督"的方式施行的，而是着眼于下属的自主责任制。

此外，下属也可能无法适应上司的"授权"，主要原因有以下几点。

- 下属没有完全接受授权，内心不坚定或缺乏自信。
- 下属不具备授权范围所应具备的知识或技能，目标超出他的实际能力范围。
- 下属个性固执傲慢，缺乏调动他人共同完成目标的能力。
- 下属缺乏主见和魄力，遇事容易摇摆不定，过度依赖上司。

对于授权，松下先生总结的要诀是：上司要努力，给予权限；下属要努力，把握权限。

◎ 启发与思考

你从松下先生给下属委派工作的案例中得到哪些启发？你是如何提高授权成功率的？

松下幸之助叱责的艺术

> 人非圣人，谁都有犯错的时候，最重要的是要认识到错误，并承诺改正。

“叱责”一词带有大声训斥、声色俱厉的意思，一般是指上司对下属、上级对下级、长辈对晚辈的批评教育。在企业的日常管理中，当下属犯错或是工作不努力时，常常会受到上司的叱责。优秀的上司都会把握叱责的“度”，或者说掌握“叱责的艺术”。

松下幸之助被公认为最擅长叱责艺术的企业家。他的“艺术”不是技巧或是方法，更不是心机或谋略，而是发自内心地为对方好，及时指出对方的错误，并真心希望对方改正后得到提升。

“该叱责时就认真叱责”是松下先生的做法。叱责时不需要遮遮掩掩，更不需要回避众人，只需要严肃认真。

如果下属犯了错误，松下先生会当面毫不留情地叱责。这样做是因为下属犯的错，其他人可能也会犯，叱责可以让其他人也引以为戒，避免重复犯类似的错误。

不少经营者认为当面叱责有损员工尊严，也不体面，因而很多人主张“当面表扬，私下叱责”。但松下先生并不这样认为，他十分关注员工是否能虚心接受叱责，这一点很重要。人非圣人，谁都有犯错的时候，最重要的是要认识到错误，并承诺改正。松下先生还鼓励大家当众做自我批评，他认为这样才是最有效的自我反省。

松下先生叱责的艺术之一：叱责时不带有任何偏见

一般而言，叱责容易催生负面情绪，尤其是当面叱责，更加容易让人心生怨恨。但松下先生是如何做到让被叱责的人心服口服的呢？秘诀就是要公正无私、不带偏见，完全是出于客观、合理的考虑，尤其是为了对方着想。当下属完全理解上司的苦衷，被当面叱责时也不会觉得委屈，甚至还有一种被重视的感觉。如此叱责，效果显著。

松下先生叱责的艺术之二：叱责必须严肃而真诚

松下先生每次叱责下属时，都尽全力让下属感受到自己的严肃和真诚，此时，被叱责的人也会认真地聆听和体悟。

曾担任松下幸之助下属多年，后来成为三洋电机副社长的后藤清一，在他的著作《叱责经验谈》中提到了自己被松下先生叱责的往事：

某一年，适逢松下电器搬迁至新工厂不久，我就遭遇了一次松下先生十分严厉的叱责。那天晚上，天气炎热，下班后同事们都相约打篮球去了，我也很想打，于是换好衣服。准备出门时，正巧撞见松下先生。

"后藤，大家都去哪儿了？"

"大家都去打球了。"

"我交代的工作完成了吗？"

"还没有呢，您放心，我稍后会加班完成的。"

听到这句话，松下先生非常生气，他质问我："后藤，连你也……太让我失望了，我们承诺给客户的交付时间，不能因为打球而耽误了，况且我还再三叮嘱。"

此时，我不知道如何作答，只能连忙道歉，并保证现在加班处理。当时，我虽然被松下先生狠狠地叱责了一番，但内心感觉是幸福的，因为松下先生跟我说"后藤，连你也"，说明松下先生是很器重我的，这让我很愧疚，我不应该和别人一样想着打球，而忽视了承诺的工作。

后藤清一在书中回忆说，松下先生叱责的时候“充满艺术性”，尽管是在批评人，却给人一种“莫名的力量”。后藤总结说，松下先生在叱责一个人时，会使对方觉得自己的存在比别人重要，以这种方法叱责下属确实有效。

被松下先生痛责了一顿之后，第二天快要下班时，后藤清一被叫到办公室，松下先生邀请他一起吃晚餐。在吃饭时，松下先生又给了后藤一个很诚恳的训示：“对于上司交付的工作，应该要有百分之百负责完成的态度，这是职场中最重要的事。我就是责备你忽略了这点，你明白了吗？”对于松下先生这么真诚用心的训示，后藤清一备受感动，低下头非常诚恳地接受批评。

还有一次，在未经松下先生同意的情况下，后藤清一独断地更改了承包单价，而正当后藤准备向松下先生汇报时，松下先生已经知道了这件事，他十分恼怒，认为后藤的做法完全违反了松下电器的工作原则。

以下是后藤的回忆录：

那天晚上，松下先生打电话让我马上去找他。到的时候已经是22点多了，当时他正与好友交谈，见到我时，立刻怒气冲冲地叱责我。尽管我已提前做好心理准备，但还是有些惊慌失措。好友马上劝说松下先生，但他没有停下来的意思。

当时正值寒冬，屋子里烧着火炉，松下先生一边教训我，一边用拨火棍敲打着火炉，因为用力过猛，拨火棍都敲断了。我无言以对，从没见过松下先生如此发怒，自己意识到真的犯了错。

时间过了一个多小时，松下先生还在气头上，我不知如何辩解，由于患有贫血症，我突然就晕倒了。

松下先生马上安排秘书课长送我回家，并交代要照顾好我。回到家中，课长单独叫我太太私聊，只见他们在门外窃窃私语。后来我太太告诉我，课长嘱咐她说："今晚务必要留意后藤的行为，今天他受到松下先生的严厉叱责，情绪随时可能失控。"

第二天一早，松下先生就打来电话，语气十分温和地问候我："是后藤吗？身体还好吗？我打电话想问下你是否介意昨晚的事？"

"社长教训得对，是我的错。"

"那就好，年轻人犯点错是正常的，还有你要养好身体。"

听到这一番温暖的问候，我心里的委屈顿时完全消失了，松下先生确实令人佩服，他总是能在叱责后给予温暖的鼓励，这就是他高明的地方。

松下先生叱责的艺术之三：叱责要得到正面的反馈

正如前面所讲的故事，叱责后的第二天，松下先生总会打一通温暖的电话问候，以确保对方有正面的反馈。

什么才是正面的反馈？比如，虚心接受、自我反省、提出改进计划，并对上司表达理解和感谢，这样真心接纳叱责的行为就是正面的反馈。反之，误解上司的意思，认为上司故意刁难，或固执地坚持自己没有过错等，并因此心生委屈，甚至是心生怨气，这些都是负面的反馈。

上司在叱责之后，一定要确保得到下属正面的反馈，这样才是有价值的叱责。若对方始终无法释怀，那么，这样的下属也不是值得培养的人。可以这么说，松下先生主张倾注真心去叱责和教导下属，并加以循循善诱，帮助下属更好地认识自己。

松下先生认为，无论哪一个时代，无论是家庭教育、学校教育还是企业教育，适当的叱责是必要的。松下先生不仅自己本人会叱责下属，他更是向各层级管理干部强调，适度的叱责是必要的，鼓励大家要学会叱责下属，同时也提醒大家，被叱责是十分正常的事，一定要虚心接受，这是一种成长，更是一种荣幸。

叱责和表扬是教育工作的两面，缺一不可。该叱责的时候叱责，表扬才会变得有效果；该表扬的时候要表扬，该奖励的时候也要奖励，赏罚分明是必不可少的手段。

在 1933 年 7 月的一次朝会上，松下先生讲了这样一番话：

我自小失去双亲及兄姐，缺少年长的亲人，因而也很少有叱责我的人，时常倍感孤独。如果有人愿意花时间叱责你，你要感到很幸运才行。每一个人在成长的过程中，总是需要长辈的教导，才能变得成熟。所谓教导，既包括鼓励，也包括叱责。

叱责的人既然出于一片真心，那么必须要有更大的耐心和坦诚之心，直至对方理解、接受并深刻反省。因而，被叱责的人要倍感喜悦，以谦虚开放之心接纳并不断修炼自己、完善自己，这样的叱责才是良性的、有效的。

有一次，某一高层管理干部因工作疏忽导致公司利益受损。松下先生准备在月度的中高层干部会议上公开叱责他，于是提前召唤他，并直截了当地说："因为你犯了错，我准备公开叱责你，以儆效尤。我想先听听你的意见，如果你认为叱责有损你的尊严，让你丢面子，给你造成困惑或不满，那我就此作罢，不再追究。但如果你觉得能坦然接受，觉得对你的成长有帮助，并愿意当众反省自己的过失，那我很乐意叱责，以警醒更多可能犯同样错误的人。”这名干部听完后回答：“我愿意接受公开叱责，松下先生。”

这就是松下电器非常有特色的“叱责文化”，用我们今天的话来说就是批评与自我批评。松下先生认为，有人愿意花时间叱责你，你真的很幸福。职位越高的人，越需要有人叱责你、纠正你。

◎ 启发与思考

从松下幸之助叱责的艺术中，你领悟到了一种什么样的领导力？

企业文化从何而来

企业文化具有一种隐性的力量，在企业发展中起着重要的作用，这几乎已经成为一种共识。但是，在经营实践中，人们对企业文化的认识又常常停留在理论层面。如何让企业从理论到实践，最终收获经营的成果，这不是一项简单的工作。

文化最令人敬仰的内涵，就是可以通过使命和愿景表达出明确的价值以及远大的理想，并持续推动全体员工为之奋斗。松下幸之助早在 1932 年就明确提出了松下人的使命，指明松下电器 250 年的经营愿景，这些都为松下电器的长期发展奠定了文化根基。

那么，到底什么是企业文化？企业文化在企业发展中起到什么样的作用？企业文化是如何从虚到实，进而落地的？这些问题，我们都可以从本章的内容中得到答案。

企业文化是企业的生存逻辑

> 企业文化是企业在求生存的过程中形成的一套生存逻辑。

管理学家从来不吝啬对企业文化的推崇。

《Z 理论》作者威廉·大内认为：传统和气氛构成了一家公司的文化。同时，文化意味着一家公司所追求的统一价值观，这些价值观影响着公司员工的思考和行为方式。

托马斯·J. 彼得斯与小罗伯特·H. 沃特曼在《成功之路》一书中指出：企业将其基本信念、核心价值观灌输给员工，形成上下一致的企业文化，促使广大员工为自己的信仰而工作，就能产生强烈的使命感，并激发最大的想象力和创造力。

迈克尔·茨威尔在《创造基于能力的企业文化》中写

道：企业文化被定义为在组织的各个层面得到体现和传播，并被传递至下一代员工的组织运作方式，其中包括组织成员共同拥有的一整套信念、价值观、目标、行为方式、技术和实践等。

国际知名的咨询机构兰德公司经过长期研究，发现企业的竞争力可分为三个层次。

第一个层次是产品力，即企业核心产品的竞争力，包括产品质量、成本管控、产品研发与迭代创新的能力。所有的创业都是从产品开始的，做好产品是最基本的竞争力，是企业生存与发展的必要条件。

第二个层次是制度设计的能力，即企业的产权结构、治理模式、商业模式、管理制度，利用内外部环境整合资源的能力。好的制度设计能将企业变成一个支持平台，实现股东、员工、客户、供应商、合作伙伴的协同，创造支持指数型成长的组织架构。

第三个层次是企业文化，即以使命、愿景、价值观等核心要素构成的支撑一家企业持续成长的最重要动力。第一和第二层次的竞争力是比较容易学习和模仿的，但企业文化层面的竞争力需要长时间的积累和沉淀，是企业最难以被超越的护城河。

在企业竞争力的三个层次中，第一层次的产品力是表层的市场竞争力，第二层次的制度设计的能力是支持平台的竞争力，第三层次的企业文化是最核心的竞争力（见图 4-1）。

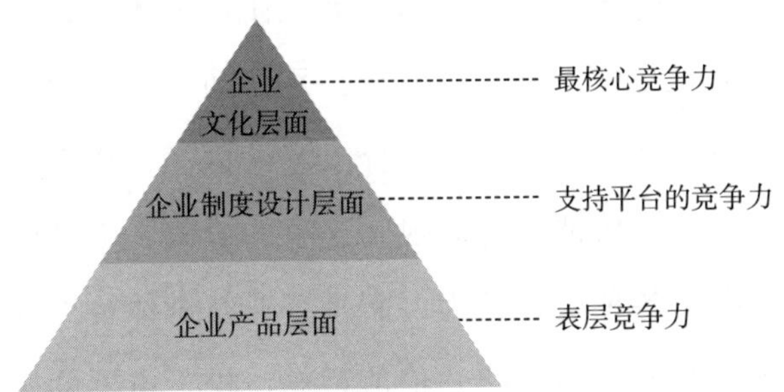

图 4-1　企业竞争力的三个层次

从这一结论中，我们可以看出企业文化对增强企业竞争力的巨大影响。当企业价值观得到全体成员的广泛认同，在这种价值观的指引下，企业的主要成员会产生强烈的使命感，员工对企业、企业领导人及企业形象将产生深厚的认同感。这是企业文化成为企业发展内在动力的根本原因。

松下先生也提出了他对企业文化的理解，他说："企业文化是企业的一套生存逻辑。"松下先生从哲学的角度出发，不断思考着人类的文明或文化是从何而来的。他总结着，人类在求生存与发展的过程中，不断形成了文明和文化，从某种意义上说，文明是人类的一套生存逻辑。以此推演，企业文化是企业在求生存的过程中形成的一套生存逻辑。

拥有百年历史的松下电器几乎每一天都在沉淀自己的文化，而且还将之不断发扬光大，让员工体会到文化的力量。企业文化是企业的灵魂，是推动企业持续发展的不竭动力。企业文化有着十分丰富的内涵，核心是企业的使命、企业精神和价值观。这里的价值观不是泛指企业管理中的各种文化行为，而是企业及全体员工在从事经营活动时所遵循的统一价值理念。松下电器的企业文化深入浅出，勾勒出企业的灵魂和任务，帮助松下电器穿越百年的生命周期。

松下电器企业文化

◎ 使命

贯彻产业人应尽之责，力图社会生活之改善与提高，消除贫困，为人民建立幸福的乐园。

◎ 愿景

250 年经营目标，为世界文化之发展做出贡献。

◎ 指导思想

贯穿创始人松下幸之助制定的纲领，此纲领作为松下电器的指导思想，今后亦将为松下电器的发展指明方向。

◎ 松下社歌

作词 佐佐木信纲 作曲 平井保喜

为建设新日本 同心协力

不断地努力生产

我们为世人提供的商品

犹如涌泉一般

振兴产业 振兴产业

亲爱精诚的松下电器

◎ 启发与思考

你是如何理解松下先生关于“企业文化是企业的一套生存逻辑”这一定义的？

企业文化系统是企业的灵魂

> 使命、愿景、价值观组成的企业文化系统是一家企业的灵魂，虽然无形，但能量巨大。

哲学的三大终极问题也被称为“哲学三问”：我是谁？我从哪里来？我要往到哪里去？我们耗费一生，大抵都在回答和实践这三个问题。

哲学回答人生的基本问题，经营哲学则回答的是企业的基本问题。作为经营者和企业家，要问自己三个问题：第一个是“为什么”，第二个是“成什么”，第三个是“信什么”，这也是经典的“经营哲学三问”。

- 为什么要做这家企业？（为什么）
- 未来十年、二十年、三十年，要成为一家什么样的企业？（成什么）

- 企业信仰什么？（信什么）

这三个问题构成了企业文化系统的三个方面，即一家企业的使命、愿景和价值观。每一位经营者或企业家，都应该发自内心地、千百遍地拷问自己这三个问题。

使命：为什么要做这家企业

企业存在的意义以及所追求的价值就是企业的使命。使命需要回答“为什么要做这家企业”的问题。

使命是非常远大的理想，是创业者一辈子的追求。使命不是具体的，而是描述性的未来，有可能现在看不见，甚至一生都无法完成，但正是因为这样才能驱动人们走得更远。

在松下幸之助看来，找到自己人生使命的那一刻是无比兴奋和激动的。找到企业使命的时刻也正是松下电器改变命运的极为重要的时刻。“消除贫困，造福社会，为人民建立起幸福的乐园”，这是松下先生在 1932 年 5 月 5 日正式提出来的松下电器的使命。此后，松下电器把这一年定为“知命元年”，并把每年的这一天定为“创业纪念日”。

松下先生一生勤勉工作，努力经营，直到 1989 年离世，松下电器公司依然没有完成“消除贫困”的使命。松下先生无法见到他想象中的理想世界，但他为松下电器设立了250年的经营目标，一代人见不到，并不代表几代人见不到。

实际上，使命回答的是“企业为何而存在”的问题，这里又包括了三个核心问题：

- 我为什么要创立这家企业？
- 为什么是我来做这件事情？
- 我做这件事情与其他人做这件事到底有什么不同？

愿景：成为一家什么样的企业

愿景是你站在现在的位置所能看得到的远方和彼岸，追求愿景的过程就是从此岸到彼岸的过程。愿景回答的是“成什么”的问题。一个人最终能成为什么样的人，在很大程度上取决于他想成为什么样的人。企业也一样，一家企业最终要成为什么样的企业，很大程度上取决于企业经营者想把企业做成什么样子。

愿景是会不断变化的，因为愿景是看得见、可实现的。打个比方，当你在山脚下仰望海拔1000米的高山时，那里就是你的远方；当你成功登上山顶时，你看到的是海拔3000米甚至更高的山峰，那里就是你的下一个远方。一般来说，愿景管十年，我们能看到十年内的远方就已经非常好了，十年以后的世界我们很难看清。

松下先生在1932年提出企业使命的同时明确了松下电器的企业愿景，即“250年经营目标，为世界文化之发展做出贡献”。至今松下电器已经走过100年，此愿景一直没有变过，可以说松下先生站得高、看得远，没有因为时代变迁而改变初心。松下先生站在人类社会发展的高度，思考自己的使命，立下松下电器要经营250年的愿景，并且通过几代人的努力，为世界文化发展做出贡献。

价值观：企业信仰什么

价值观解决的是企业信仰什么的问题，即相信什么应该做，什么不应该做。回答这个问题的过程就是确立企业核心价值观的过程。企业的核心价值观是企业在经营过程中努力使全体员工信奉的理想，是员工判断一切事务时依据的是非标准、遵循的行为准则。

价值观分为两种类型。

一种是原生型价值观。每家企业都有自己的独特基因，也就是创始人的基因。企业刚成立时，企业价值观和创始人的价值观是高度契合的，创始人优秀的特质、所信仰的理念决定了这家企业最初的价值观，这正是原生型价值观。

另一种是发展型价值观。企业在不断发展壮大的过程中，在面对未来不确定性的挑战中，仅仅依靠原生型价值观已经不能适应新的挑战。因此，企业的价值观也需要迭代，迭代后的价值观被称为“发展型价值观”。

关于价值观，我们会思考以下三个问题：

- 创始团队身上共同的优秀特质是什么？（原生型价值观）
- 现阶段，团队最欠缺的特质是什么？（发展型价值观）
- 面对未来的市场环境，团队最需要补充的特质是什么？（发展型价值观）

企业文化的价值

价值观一旦形成并深入人心，就会成为企业发展的最大推动力。创业早期，松下幸之助开展“以人为贵”的经营，擅长于从平凡人身上发现不平凡的能力，即“平凡人做非凡事”，激励了无数平凡的年轻人为松下电器奋斗。

越大的企业，经营者越要重视企业文化。企业文化看似务虚，其实非常务实。无数事实证明，越能理解并认可企业文化的员工绩效就越高。

由使命、愿景、价值观所组成的企业文化系统是一家企业的灵魂，虽然无形，但能量巨大。使命决定了一家企业存在的意义和价值，是创始人及所有员工一辈子为之奋斗的事业。有了使命，企业无论遇到多少艰难险阻都不会放弃经营。愿景指引企业的发展方向，企业在不同的发展阶段，可以树立不同的愿景。当然也有像松下电器直接树立250年经营愿景的，但愿景一般是十年一变，每隔十年左右，企业要重新思考和重塑企业愿景。价值观要具备发展性，随着业务的变迁，原生的价值观要不断更新迭代，才能充分适应新市场、新业务的需求。

◎ 启发与思考

企业文化如何从“务虚”走向“务实”？

松下企业文化的落地与传承

> 企业偶尔的成功可能源于机遇，但长久的发展一定是内在基因在起作用，这个“基因”就是企业文化。

企业文化不是挂在墙上的标语，更不是可有可无的东西。优秀的企业有自己鲜明的企业文化，在企业不断发展壮大的过程中，企业文化起着明确方向、凝聚人心、团结全体员工的作用。从更长的时间维度看，企业文化是企业发展的精神力量，是企业的“精气神”，一家企业传承的最重要的东西就是“文化”。

文化要落地，需要渗透进企业经营的方方面面，变成全体员工共同遵守的信仰或原则，形成共同的意识形态，进而统一行为习惯，最后落实到经营业务当中。

企业文化落地的六个方面

松下幸之助很早就意识到文化落地的重要性，松下电器的文化落地方式包含了以下六个方面。

1. 坚持百年的朝夕会制度

朝夕会制度已经成为松下电器企业文化教育的载体，一项制度能够坚持一百年实属不易。每天早上八点，遍布全球各地的松下数十万名员工同时诵读着“松下七精神”，一起唱松下社歌，尽管松下先生早已离世，但他所创立的这套“仪式”被传承了下来。

朝会是一天工作的开始，短短几分钟的诵读让全体员工始终牢记松下电器的使命、精神和奋斗目标，这会让一天的工作“元气满满”。不管是哪一个岗位的员工，他们都能找到工作的意义感。朝会也是解决员工迟到问题的“良方”，因为有了统一的朝会仪式，谁迟到了一目了然。哪怕是公司的领导者，都要严格遵守这项制度。

夕会用来总结一天的工作，意义是总结、反思和改进工作。夕会不一定要全体聚在一起开，部门、小组或是一对一开会均可，甚至通过打电话的方式也是可以的。松下先生习惯于每天用一定的时间反省与总结，这项习惯也逐渐成为松下电器企业文化的一部分。

朝夕会除了传递精神理念之外，还能及时明确一天的工作目标，提升整体的战斗力和工作协作能力，提升绩效。朝夕会让一天的工作有了明确的界限，更加能提升效率。

2. 定期演讲与写信

松下先生是一位演讲大师，其中最著名的一次演讲是1932年5月5日关于“产业人的使命”的演讲，此次演讲明确了松下电器的使命。

只要一有机会，松下先生就会发表演讲，他的每一次演讲都能激励人心、鼓舞士气，他的经营理念也都是通过一场场演讲传递给全体员工的。松下先生不仅自己经常发表演讲，还要求各部门、各工作团体定期组织演讲活动，员工们在演讲活动上会分享对企业精神的理解，以及企业与社会的关系等主题。

除了演讲，松下先生还经常写信给全体员工。曾经有过连续七年的时间，松下电器员工每月拿到的工资袋里，都会放着松下先生写给全体员工的一封信。这些信融入了松下先生对于公司的经营思考、对员工的期待、对于工作的改进意见等。

3. 员工“入社”教育

刚加入松下电器的新员工，需要由人事部门统一安排正式的“入社”教育。教育内容包括企业文化和精神、创始人的理念和故事以及松下电器的发展史，新员工还要学唱社歌。新员工接受教育培训后，由人事部门安排考试，通过的人会被颁发证书，并正式成为松下电器的一员；考试不通过的人会被重新安排培训，直至成绩合格为止。

4. 各层级管理人员的教育指导

松下电器规定，各事业部、各分公司、各子公司的管理人员要定期对本经营单位的全体员工开展企业文化的教育和指导工作。企业文化要经过一层层传递才能触达基层员工，提升对基层员工的影响力。松下先生强调，企业文化要年年讲，月月讲，天天讲，一直讲下去。

5. 员工开展自我教育

在松下电器有这样的理念，即通过受教育者主动努力的教育，效果更佳。因而，松下电器把教育的基点放在员工的自我教育上，鼓励员工通过自我学习和领悟实现自我提升。松下电器还通过树立标杆、奖励优秀和职位升迁等方式激励优秀的自我教育者。

6. 透过“节日”传递企业文化

松下电器善于以节日文化凝聚全体员工的精神力量。其中最有代表性的是每年正月隆重举行的出货仪式，浩浩荡荡的车队将新年第一批货品送出，具有团结人心、凝聚力量的重要象征意义。

每个企业都要有自己的“节日”。企业的创业纪念日、新产品发布、具有里程碑意义的事件等都值得通过节日的形式来庆贺。人长一岁是自然现象，而企业长一岁是不容易的，是全体员工共同努力的结果。因而，如何办好周年庆，如何通过节庆传递企业的精神文化价值，是很多企业要去研究的课题。

企业文化是凝聚人心、激励行为、传承精神的重要武器，它的形成是一个漫长的过程，需要日积月累地塑造，它的传承更需要十年如一日地坚持。

企业偶尔的成功可能源于机会，任何一个时代都有抓住机会脱颖而出的优秀企业，但企业的长久发展却是有成长内因的。2018 年，松下电器迎来创业 100 周年，正式步入百年企业殿堂。外界都想知道松下电器百年发展而不衰的秘密。最终公认的答案是创始人松下幸之助所创立的精神文化和经营理念。

企业文化传承的六个方面

那么，松下电器是如何做到文化传承百年的？我们从以下六个方面进行探讨。

1. 松下电器的使命足够大，愿景足够远，精神文化与时俱进

松下电器的“产业人的使命”立足于全人类，为消除人类的贫困，最终实现大众的幸福生活而努力，这一使命足以让松下电器向着伟大目标前进。

松下电器希望实现250年的经营目标，为世界文化之发展贡献力量。正是因为站得高、看得远，松下电器才能激励全体员工为之奋斗终生。

2. 始终强调社会责任，立足于长期主义经营观

早在“企业的社会责任”这一概念在全球流行之前，松下幸之助就提出了“企业是社会的公器”这一理念。

松下先生强调，企业不应该属于经营者个人所有，企业之所以能够生存，是因为满足了某种社会需求，创造了某种社会价值。只有能推动社会进步、人类发展的企业，才能获得长期持续的发展。因此，企业经营要立足于社会，立足于长期主义。

松下先生的长期主义经营理念包含了三个层面的意思，包括透过企业的经营事业，贡献于社会进步和人类幸福；透过企业经营所创造的利润，回馈社会及员工；企业之经营活动，需要与社会活动相协调等。

3. 始终坚持“以人为贵”的思想，加强企业教育工作

“以人为贵”的思想贯穿松下电器经营的始终，毫不动摇，因为一切的经营活动始于人，也终于人。经营即教育，松下电器始终注重企业教育工作，致力于培育与时俱进的优秀人才。

4. 坚持企业文化的本土化

跨国企业最大的挑战是文化的冲突。作为一家跨国企业集团，松下电器始终坚持将松下文化与当地文化进行本土化融合。

5. 始终坚持团队大于个人的理念，重视集体的力量

个人的力量是有限的，集体的力量是无限的。早在1945年，松下幸之助就提出“发挥全体员工的勤奋精神”“全员经营”“众智经营”等理念，团队大于个人的经营理念是松下文化的重要支柱。

6. 始终重视企业文化建设，注重员工的认同感教育

松下电器始终重视企业文化的建设，注重员工的归属感和认同感教育。松下电器的员工都会有与企业“共存共荣”的理念，于是能自觉地发挥主人翁的责任意识。

如今，松下电器正在开启第二个百年的辉煌时代，无论未来的路怎么走，松下电器企业文化的传承与创新都是最重要的工作，是灵魂，是根本。

企业文化的本土化

19 世纪 50 年代开始，日本经济复苏。松下幸之助通过一系列的努力，带领着全体员工度过了最艰难的时期，松下电器步入发展正轨。此时，松下幸之助开始关注海外市场，并力图将松下电器发展成一家全球性的企业。

1951 年，松下电器在美国成立公司，这成为松下电器拓展海外事业的第一步。1952 年，经过一轮轮的谈判和沟通，松下电器与荷兰飞利浦公司达成合作，并成立合资公司。1979 年，在松下幸之助访问中国后，松下电器开始全面进入中国市场。1984 年，松下电器提出了海外事业发展的基本思路，核心思想是“本土化”。

选择投资经营所在国需要的项目，尊重所在国政府的意愿，并获得所在国的政策支持，这是本土化的首要

指导原则。研发活动是松下电器全球化经营的重要环节，当制造与销售在海外拓展的同时，研发及技术落地紧随其后，其基本思想是“技术与研发的本土化”，以更好地服务松下电器在当地的制造和销售工作。松下电器在当地招募人才，在当地培养人才，在当地用好人才，进行人才培养的本土化运作。

松下先生清晰地认识到，经营管理模式存在地域性影响，要想成功地在海外经营，就必须对当地的传统文化进行研究，并对企业管理方式做出适当的调整。人才培养的本土化也要符合当地的实际情况。松下电器不仅要造就人才，更需要造就适合海外市场的本土人才。松下先生要求人才培养要“接地气”，作为跨国企业集团，松下电器应该向本土企业学习，更深入地了解本土市场，更多地发挥本地人才的作用和力量。

◎ 启发与思考

你从松下电器的企业文化落地和传承百年的案例中，获得了什么样的启发？

第五章

企业组织制度设计

企业是一个复杂的系统，由形形色色的人组成，要想充分发掘企业中每个人的潜力，并使企业高效地运作，就需要建立一套全员共同遵守的制度。健全完善的组织制度还有助于形成一流的企业文化。

松下电器自创立之日起，就一直在“发明”适合自身发展的组织制度，其中影响深远的如事业部制、三头合议制、终身雇佣制等。松下电器的很多制度是在特定的历史背景下诞生的，在当时属于“首创”，松下电器更是最早的受益者。

如今，松下电器已走过百年历程，尽管有些制度已随着时代和社会环境的变化而被摒弃，但不可否认的是，这些制度曾经发挥着至关重要的作用。

事业部制是成功的重要原动力

> “我开始思考用一种全新的方式和制度，把我管不了、没时间管的项目全权委托给有能力的人来负责，由此诞生了松下电器的事业部制。”

事业部制最早诞生于美国。1929 年全球性金融危机之前，美国通用电气、杜邦公司及通用汽车等大型企业先后采用事业部制，在企业内部实施分权管理。1946 年后，事业部制开始引起学术界的关注和研究，并开始在企业界推广。

松下电器于 1933 年开始采用事业部制，在日本属于“首创”。松下先生总结自己经营事业成功的经验时，认为事业部制是其中一个非常重要的“原动力”。

松下先生回忆道：“刚创业时，公司还很小，整个公司我一个人可以管控全盘。但是，随着业务的快速发展，新产品的不断出现，市场需求的不断扩展，要对所有市场、所有项目、所有产品的经营情况了如指掌，我深感力不从心。加之我身体一向不好，每年都需要有一段时间在家休养，实在是分身乏术。因而，我开始思考用一种全新的方式和制度，把我管不了、没时间管的项目全权委托给有能力的人来负责，由此诞生了松下电器的事业部制。”

起初，松下电器只生产配电用的器具，但随着时代的发展和市场需求的扩张，松下电器决定开始生产电热器。但是，松下先生对如何生产电热器一窍不通，加上他本身的工作已经够繁杂了，这时他萌生一个想法，就是请一个懂电热器的人来负责。一般公司如果招生产制造的相关负责人，就会告诉他“你只担当制造的责任”就够了，但松下先生却不是这样想的。他找到了一个人，然后告诉他：“我想设立一个电热器部，你来负责吧。但是不只是制造，还包括研发、销售等工作，一切的一切当作一个事业都由你来负责，只有非常重大的决策才需要跟我商量。”

“你来负责吧”，这简单的一句话，就把这个人委派为事业部的最高负责人。所谓最高负责人，就是从零开始创立，从产品到销售到人事等，除了财务外，有其他全部权限，这就是松下电器事业部制的开始。

受委派的事业部负责人又被称为“事业部长”。事业部长首先要考虑要制造什么产品，需要什么技术人才，要建多大的工厂，销售网络要如何建立等问题，事业部长就像是一个分公司总经理的角色，责任是很重的。“只有资金问题需要请示我。”松下先生说，“资金问题商议好之后，剩下的工作就交给事业部长去做了，这就是我最初的事业部。”名义上是事业部，其实，松下电器的事业部已经非常类似于集团下面的一个相对独立的公司了。因而，事业部长的人选非常重要，这是决定事业部成败的关键。

松下先生创立事业部制有以下两个目标。

目标一：清晰明确地看出成绩，促成责任经营。

一个事业部的利润不会分到另一个事业部，该事业部的经营成败可以非常清楚地被看到，所以，每一个事业部长都有责任控制成本，努力提高自己事业部的利润。

目标二：培养有自主经营能力的经营者。

事业部长是一个事业部的经营者，事业部就是经营者自我试炼的“道场”，假如没有合格的经营者，那么，事业部的失败是必然的。相反，能力出众的经营者会造就硕果累累的事业部。

松下电器的原财务部长佐野正弥曾对松下事业部制的管理理念做出如下概括：

◎自主经营的理念

松下电器的事业部以独立自主的形式从事生产经营活动，因此，对利润和资金的管理均实行彻底的分离。正因如此，松下电器不将其事业部制称为“独立核算制”，而称其“自主经营制”。

◎一部一业的理念

松下电器按不同的产品设立不同的事业部，一个事业部专心致力于某种产品的研发、生产和销售。复合型产品则由不同事业部分管不同的项目，独立核算的同时，也进行分工协作。

◎服务社会的理念

事业部秉持以市场为导向，直接服务于社会的观念，全权负责某项产品的生产和销售，以满足社会大众的需求。

◎人才培养的理念

松下电器将事业部作为人才培养的平台，培养从事业部长到普通员工的各层次人才。为此，总公司最大限度地向事业部委以权力，尽量避免对其经营进行干预。事业部长可以像独立公司的总经理一样行使职权，进行事业部的管理和各类人才的培养工作。

松下电器最多有几十个甚至近百个事业部。事业部长事实上完全是个地道的经营者，他可以自由用人、研发产品，拥有数百到数千名员工不等。事业部长要负责资金的调度及销售等问题，借了钱要交付利息，而且要明确地计算出经营的成果，责任是相当重大的。

在实施事业部制的过程中，领导者要把握好放权的“度”，清晰界定权限范围。在大的战略及方针上，还是要由领导者把握和决策。在战略和方针之内，事业部长可独立自主经营。松下先生认为，例如松下电器要新设立一个电热器部，这是需要由社长本人来决定的，而不能由事业部长决定。向银行贷款，贷多少，要由社长来决定，否则容易出现重大问题。

随着松下电器的规模渐渐扩大，单单一个事业部的经营可能就需要数亿日元的资本金，甚至更多。经营事业部有时免不了要向银行贷款。在松下电器，贷款是可以的，但是某一事业部直接向银行贷款是不被允许的。若事业部因经营需要贷款时，可以向总公司申请，并由总公司贷款给事业部，当然这个时候要像银行一样收取同等利息。如此，才可以使事业部成为一个独立自由的经营体。

在每个新的财务年度开始前两个月，即每年的十月份左右，松下电器各个事业部的部长们会收到总部社长的一封信，信里明确指示下一年度的经营方针，同时要求各事业部长制订下一年度的经营计划和利润目标。这种做法是自上而下的。社长代表总部下达年度整体经营方针和目标，而各事业部长根据此方针，与下属各部门共同制订本事业部的年度经营目标和计划，并对目标进行层层分解，明确各部门的责、权、利。

事业部长在汇总各下属部门的计划后，编制本事业部的年度计划并上报总公司。总公司有专门的机构负责审议和财务核算，较重要的事业部由社长亲自参与审核。各事业部的计划确定后，汇总编制成总公司的年度经营方针。年度经营方针在总公司常务会议上通过后由社长最终签署“社长指令”。总公司将年度计划方案以指令形式分别下达各事业部。为此，松下电器每年都要举办专门的计划下达仪式。

松下电器的年度计划“社长指令”的标准格式如下。

松下电器社长指令

甲事业部长：

现下达你的事业部基本经营要领，请依照此计划指令，自主经营，完成下列计划：

◎ 本年度计划销售收入	1500 亿日元
◎ 本年度预期基本利润	150 亿日元
◎ 本年度预期利润率	10%
◎ 本年度上缴总公司金额	销售收入的 3%

此外，总公司同意你事业部为完成“×××计划”所提出的增员扩编计划，请按计划完成本年度所有经营目标。

社长　松下幸之助（印）

社长指令明确了甲事业部的年度责任销售额、预期基本利润额、预期利润率以及上缴总公司的金额比例。不过，指令并没有明确规定甲事业部要如何达成，通过什么方式达成，需要多少人员等。这些具体实施权力完全交给事业部长，体现了分权经营的思想。

财务管理制度

松下电器长期拥有一支多达 1500 人的财务队伍，其中只有 100 人左右留在总公司，其余 1400 人常年被分派到各个事业部、营业所。总公司掌管下的审计、财会人员会被分派到各事业部进行业务监督。

尽管事业部为自主经营单位，但不设置财务部长，也没有财务科长，由总公司派往事业部的财务责任人要负责月度结算、年中结算、年末结算，编制年度盈亏计算表和借贷对照表。

财务责任人通常配备专门的财务人员，这些财务人员由总公司管理，直接向总公司财务部长提交会计报告，行政上则在所属事业部长的直接管辖下。这种交叉管理的方式是为了防止徇私舞弊，事业部长不能随意调动财会人员，这些“特殊身份”的人的调动是需要得到总公司许可的。此外，总公司还会定期调整、轮换派往各事业部的财务责任人，确保他们工作的客观公正。

松下电器通过在总公司掌控下的强大的财务团队，将各事业部的业务线连接成一个有机的整体。总公司通过每月财务报表即可轻松了解各事业部的收支情况，及时掌握各事业部的经营实况，从而实现对各事业部“既管又不管”的经营模式。

内部资本制度

松下电器拥有众多事业部，要想“化整为零”，实施彻底的事业部制，首先要处理好总公司与事业部之间、事业部与事业部之间的利益关系和监督机制。为此，松下电器形成了“内部资本制度”。

内部资本，就是总公司在核算事业部经营所需费用后，将费用包给事业部。所以，各个事业部均拥有一定额度的资本金，这些资本金不需要进行法律上的登记，所以被称为“内部资本”。

在事业部初建时，总公司根据事业部的规模大小和所需费用垫付内部资本金。事业部开始运营后，需将内部资本金以 10% 的年化利率交给总公司，并将扣减利息后的利润的 60% 和销售额的 3% 上缴总公司。在所有上缴总公司的款项结清后，剩余利润归事业部支配，这部分留存不计利息，如何使用由事业部长自主决定。事业部经营得越好，利润越多，留存越多，事业部的日子就越好过。

假如事业部经营不善，营业收入没有达到预期目标，就会造成周转资金不足，在这种情况下，总公司决不允许事业部延期支付或去银行借款。上缴总公司的款项必须在每月规定的时间内交清，周转资金不足时，只能向总公司借款，并支付利息。事业部向总公司借款是需要经过严格审批的。所以，事业部长在经营上有很大的责任和压力。

事业部长为减轻利息负担，在初创阶段会想方设法减少开支，少占用总公司的资本金，如须建设工厂，则设法缩短建设周期，争取早日投产。比如，在建设九州松下电器佐贺工厂时，市面上的造价一般是每坪[1]六万日元，而建设该厂的负责人最后竟然以每坪二万八日元的造价在短短三个月就完成了建设工作，这简直不可思议，而且工程的质量管控还不错。为了少向总公司借款，事业部长还努力尽早回收应收账款，加快资金周转，对于无须支出的费用，事业部一点都不会浪费。

松下电器将资本包给事业部，实施利润留存的方法，增强了事业部对内部资本的责任意识，极大地调动了事业部成员的工作积极性。

松下电器内部资本制度的细则

◎ 总公司费用分摊制度

为了让各事业部共同分担总公司的经营管理费，松下电器规定，无论盈亏，各事业部每年要将其销售额的3% 作为公司所需费用上缴，此项费用作为固定经营管理费。

---

[1] 1 坪≈ 3.3 平方米。

◎ 内部利息制度

松下电器内部成立结算平台“松下银行”，并参照商业银行利率标准，制定公司内部利息制度。各事业部可以从总公司获得与其在总公司存款额相对应的公司内部利息。事业部如果向总公司借贷，须向总公司支付内部利息。

◎ 内部红利制度

在内部资本金方面，事业部将 10% 的内部红利作为“资本利息”上缴总公司。

◎ 总公司交纳金制度

事业部将其利润的 60% 上缴总公司。总公司用其统一支付法人税、个人所得税等，并作为公司红利的来源。

◎ 存款制度

事业部将内部留存及剩余金存入总公司，并获得相应的内部利息，流动资金作为活期存款，由各事业部自行保管和支付。

以事业部制为基础，松下幸之助在实践中不断完善自身的经营哲学和经营系统，最终成就了松下电器的辉煌事业。而对后来的创业者来说，事业部制在内部分权管理、有效激励以及培养自主经营人才方面，确实是一种先进的管理制度和经营模式。日本京瓷创始人稻盛和夫沿着事业部制的思想走了下去，最终开创了阿米巴经营模式。

松下电器的事业部制与欧美国家所实施的事业部制是有本质区别的，二者的出发点和内涵截然不同，欧美式的事业部制旨在优化资源配置和进行财务管控，而松下式的事业部制则是松下电器经营的根本，这种制度是围绕着如何培养自主经营的人才而展开的。

◎ 启发与思考

1. 松下电器事业部制的“两大法宝”是什么？这种制度是如何缔造松下电器的商业大厦的？

2. 事业部制在当今商业世界得到了发展，你所在企业是如何实施内部分权管理或自主经营模式的？

三头合议制是事业部制的重要补充

> 三头合议制可以规避重大的决策失误，同时也可以让决策更高效。

1950年，松下电器只有3个事业部，而到了1959年年底，事业部的数量增加到20多个，松下电器的业务阵容迅速扩张。

尽管事业部制采用事业部长自主经营的模式，但通常松下先生还是以侧面协助的方式支持他们的工作。当事业部长遇到重大决策时，还是要常常请教松下先生。在事业部还比较少的时候，松下先生的时间和精力是够用的，但随着事业部越来越多，松下先生越来越忙，没有足够的时间和事业部长深入探讨或商量，导致重大决策常常被耽搁，影响事业部的经营效率。此外，对于一个重要问题，仅仅由事业部长与松下先生两个人匆匆数语就做出判断，恐怕也不太妥当。

为此，松下先生开创了“三头合议制”，即社长、副社长及常务董事三位领导共同商议决策的制度。社长、副社长及常务董事三人组成联合重大事件决议小组，以规避重大的决策失误，减少经营上的重大损失。

1960 年，松下先生曾对“三头合议制”做出如下解释：“在重大的经营事务上，要以三个经营领导的共同协商结果指导事业部的工作。过去是分别商议后即开展工作，但今后在重大决策上，要以这三人的共同协商结果来解决重要的经营事务。”

可以说，“三头合议制”是对事业部制的重要补充，当事业部越来越多的时候，松下先生一人的见识和力量不足以给到所有事业部长最合理的解决方案，而三头合议制可以规避重大的决策失误，同时也可以让决策更高效。

松下先生规定，从每天早上九点半开始，大概一个小时的固定时间为“三头会议”时间，而各事业部所请示的事项，除非缺乏决策的事实依据，否则当场就会由三人会议做出最终的决定。

松下先生同时建议，对于不能立刻决定的事情，千万不要说“让我们考虑考虑”，一定要确定一个明确的时间表，比如，在周五下午六点前一定给予确切答复，如此才能有效地解决问题。

随着事业部数量的增加，松下电器还大力加强总部的力量建设，尤其是在人事、财务、人才培育及综合服务等方面的投入，从而发挥总部综合力量对各经营事业部的支持。

◎ 启发与思考

1. 作为经营者，你是如何带领团队做出重要决策的？

2. 企业的决策机制如何做到既高效又避免掉坑？

终身雇佣制是企业与员工的长期契约

> 终身雇佣制是在特定的历史背景下诞生的，本质上是企业与员工的一种“长期契约”。

终身雇佣制是一种特殊形式的雇佣劳动制度，员工一旦被企业正式录用，只要不严重违反企业的规章制度，不出现重大的责任事故，不丧失基本的劳动能力等，在员工达到退休年龄前，企业承诺不辞退员工，员工主动提交辞呈的情况除外。

松下电器被日本业界认定为终身雇佣制的鼻祖。松下幸之助曾言：“松下员工在达到公司设定的退休年龄之前，不必担忧失业，公司也绝对不会随意辞退任何一位松下人。”

松下电器终身雇佣制的形成与当时日本的大环境是分

不开的。二战后，日本劳动力供不应求，市场上人才缺乏，企业发展面临重大问题。有多年学徒经验的松下幸之助想到了江户时代就有的师傅和学徒的终身契约关系，于是开创了“终身雇佣制”。此制度一经推出，立即受到其他企业的推崇和仿效，很快便成为日本企业的基本用人制度。

终身雇佣制是在特定的历史背景下诞生的，本质上是企业与员工的一种“长期契约”。终身雇佣制为二战后日本经济的重建和腾飞做出了巨大的贡献，有利于稳定企业员工队伍，培养团队精神，提高员工的归属感和主人翁意识。

特别值得注意的是，松下电器的终身雇佣制强调员工与企业是一种共荣共存的关系，员工为企业尽职尽忠是终身雇佣制存在的前提条件。假设员工触犯企业道德底线，长期没有尽到责任，是不适用终身雇佣制的。

终身雇佣制曾经风靡一时，被公认为“经营神器”和“经营基石”，其制度优势体现在以下两个方面：

一方面，终身雇佣制有助于稳定经济和大局，无论是在1929年的全球大萧条时期，还是二战后日本经济的重启时期。终身雇佣制有助于建立企业与员工之间的信赖关系，员工对企业尽职尽忠，而企业在困难时期也尽量做到不裁员，这种长期契约有利于社会的和谐和安定，更有助于满足员工对于安全感的需求。

另一方面，终身雇佣制对于硬科技的研发工作更具明显优势。在生物、化学制药、精工、传感器芯片等领域，常常需要积累数年甚至数十年才会有成果。日本工程师从大学毕业进入一家企业后，就开始专攻一个研究方向，直到五六十岁还能不断地产出新的成果。

随着时代的发展与企业组织形式的变化，终身雇佣制也开始显现出弊端。

终身雇佣制给企业带来巨大的人力成本压力。随着加班磨洋工的中年日本人越来越多，效率问题伴随制度而生，终身雇佣制在不同企业显露出弊端。在日本大企业，有一道独特的风景线——“窗边族”。不少五十岁以上的老员工由于无法再从事创造性的工作，就被公司安排坐在窗边的位置，他们可以一边工作，一边喝茶读报，顺便看看窗外的风景，处于半退休的状态，因而被称为“窗边族”。

终身雇佣制导致人才流动受阻。伴随着现代制造业发展而形成的终身雇佣制，在特定的历史阶段是非常适用于需要熟练工种的产品生产加工制造流程的。但随着新经济时代的到来，传统雇佣模式缺乏灵活性，在一定程度上阻碍了社会人才的流动，降低了创业激情。

终身雇佣制不适用于企业合并、重组及产业调整的情况，因为员工之间在很长时间里还存在无法融合的问题。

当外部环境出现极大变化，企业遇到重大危机的时候，不少曾经以终身雇佣制为基本制度的企业也开始“松绑”。比如，2001 年，随着全球互联网泡沫破裂，终身雇佣制受到重大冲击，许多大牌企业如富士康、NEC、索尼，包括松下电器，相继宣布裁员。

现如今，日本的终身雇佣制已经不再是传统严格意义上的终身雇佣制了，更确切地说，是长期连续就业，就是企业尽力不解雇员工，而员工也尽量做到对企业忠诚。所以，终身雇佣制对于更多的企业可能没有借鉴价值，但其实我们探讨的核心是在经济不景气时期，如何降低失业率，这才是一个社会性课题。在《贫穷的本质》这本书里面，作者最后的结论是消灭贫穷最好的方法不是创业，也不是银行的信贷，而是一份稳定的工作。

终身雇佣制的历史也许可以给很多科技企业启发：企业在困难时期不要轻易裁员，不景气过后，这些员工可能更有利于企业未来的发展，企业也会有更好的口碑、更稳定的团队和更忠诚的人才。

◎ 启发与思考

1. 作为经营者，你是如何看待“终身雇佣制”的？松下电器的“终身雇佣制”对你有何启发？

2. 你所在的企业流动性大吗？如果是的话，你又是如何看待这种“流动性”的？

3. 你是如何看待老员工的？你又是如何避免老员工沦为“躺平族”的？

组织制度设计的六项原则

> 人性是经不住考验的，制度才是解决问题的根本。

企业组织制度设计是企业经营过程中的一项基本而又十分重要的工作。小到日常考勤，大到企业的权力分配、利润分配，甚至是事业部、分公司等的制度设计，都包含在企业组织制度之内。企业要想长远发展，实现经营目标，就需要建立与之相配的组织制度，健全的组织制度是企业发展的根基。

企业组织制度的设计需要与企业发展的阶段结合在一起，一方面，小企业不能套用大企业的组织制度，初创企业不能片面追求“高大上”的组织制度；另一方面，企业发展壮大，而组织制度却一成不变，这会制约企业的发展，更容易让企业在高速行驶过程中“失控”。

那么，企业如何构建公平合理的组织制度呢？我们从一则故事谈起。

相传古时候有一座山，山上有一座寺庙，庙里住着七个和尚。由于生活困难，僧多粥少，七个和尚面临着一个棘手的问题：如何分粥？

同样一锅粥，假如七个和尚平均分配的话，每个人都能分到刚刚好能吃饱的量，可真实的情况是分配不均经常导致内部矛盾。一开始，同为修佛之人，大家都会相互礼让，让别人多吃点，而自己少吃点也不碍事。可是时间一长，长期谦让的人由于吃不饱，觉得吃亏，心里顿生怨气，相互之间的矛盾就产生了。

为了能够解决分粥的问题，让大家都能和平相处，和尚们想出各种办法，大体上有以下的几种。

A 方案：随机指定一个人负责分粥工作。这个方案很快就出现问题了，负责分粥的人总是给自己分最多的粥，而其他人总是被分得少而吃不饱。然后，大家又决定换个人来分粥，结果也是一样的。问题得不到解决，人在利益面前自私的一面反而展现得淋漓尽致。由此我们可以得出结论：权力导致腐败，绝对的权力导致绝对的腐败，人性是经不住考验的。

B 方案：七个和尚轮流主持分粥工作，每人一天。这种方案实施下来，每个人只有自己主持分粥的那一天吃得饱，其余六天都因吃不饱而饥饿难耐。这种做法实质上是每周给予分粥人行使“特权”的机会，而这种“特权”是建立在牺牲大家利益的基础上的，最后，所有人都沦为制度的“受害者”。

C方案：七个和尚通过公平投票，选举一位他们认为最公正无私的人来负责分粥。开始的时候这个方案还是可以做到公平公正的，但时间一长，问题再次出现，被认为大公无私的人常常会多分一些粥给自己以及跟他关系好的人。因此，此方案行不通，还得继续寻找新的办法。

D方案：选举一个分粥委员会和一个监督委员会，形成权力的监督和制约机制。这个方案的公平性是得到保证了，可是权力的制衡导致分粥效率过低，等到所有人分到粥时，粥早就凉了。

E方案：大家轮流分粥，但分粥的人要最后一个领粥。也就是分粥的人需要保证所有粥是平均分配的，否则最后自己拿到的一定是最少的粥。这个方案其实只是在B方案的基础上做了一个小小的优化，就取得了意想不到的效果。E方案的结果是制度得以实施，大家也都很满意。

经过多轮博弈，七个和尚最终通过集体智慧找到了最佳的制度设计方案，解决了令人头痛的分配难题，并在此基础上形成了日益完善的寺庙组织制度。

这个分粥的故事给我们最为深刻的启发是人性是经不住考验的，制度才是解决问题的根本。制度的最大魅力在于通过其公平公正的设计，以符合大多数人的利益为前提，激发人性中美好的一面，约束人性中自私贪婪的一面。

企业必须以制度建设为根基。企业组织制度设计是企业文化的重要组成部分，企业文化的落地，需要以与企业文化相适应的组织制度做保障。

那么，企业组织制度要如何设计？又需要遵循哪些原则呢？在研究松下电器组织制度的基础上，我提炼出六项原则。

◎公平正义原则

公平正义原则是妥善处理企业各方利益的根本。企业犹如一个“小社会”，企业越大，各部门、各层级的关系就越复杂，要处理好各方利益，关键是建立一个好的制度。没有公平公正的制度做保障，再美好的梦想也难以实现。

◎责权利对等原则

衡量一个制度的好坏，其中一项重要的标准是责、权、利是否对等。唯有责任与权力对等，利益分配与责任对等，才能体现基本的公平正义。抛开责任谈权力是无知，抛开权力谈责任是纸上谈兵，如果没有相应的利益机制做保障，责任和权力都无法长久。

◎适用性原则

松下电器在组织制度设计方面一直走在领先者的位置，还能够根据企业发展的阶段不断地调整和变革组织制度。当过去创造了巨大经济效益的组织制度不再适应新阶段的要求时，松下电器敢于及时摒弃或对制度进行重新定义，在不同时代对终身雇佣制的不同定义便是一个很好的例子。因此，无论是继承、摒弃或是创新，企业都要遵守适用性原则。

◎集思广益原则

关于七个和尚分粥的故事，实际上最后问题的解决得益于众人的智慧。因此，企业组织制度的设计也要遵循集思广益的原则，好的制度不是领导者闭门苦思出来的，相反，领导者要学会集众智，让员工有参与感，并充分激发员工的智慧。如此设计出来的制度才是全体员工认可并愿意遵循的。

松下先生认为，倾听员工的声音是很重要的，多听部下的话是一件非常划算的事。尤其是在今天这个“超信息时代”，获得有用的信息变得越发重要。集思广益原则可以激发部下的干劲，领导者可以因此在决策和制度设计方面收获非常有用的信息。

◎长期主义原则

企业的机制和制度要具有全局性、根本性和稳定性。企业的领导者必须要考虑用最合适的组织制度管理和经营企业，并以此不断沉淀企业文化，在此基础上才可能实现企业所追求的长远目标和经营愿景。

◎持续优化和完善原则

好的制度设计需要一个不断探索和完善的过程。没有一个制度一经诞生就是最好的，也没有一成不变的制度，要用发展的眼光来持续优化、完善制度。

◎ 启发与思考

1. 企业文化与企业组织制度是一种什么样的关系？

2. 企业组织制度要保持稳定性，又要保持灵活性，如何在“稳定”和“灵活”中找到平衡？

第六章 持续修炼的领导力

领导者统御得恰当与否，关系到一家公司的兴衰存亡。毫不夸张地说，凡事之兴衰成败皆系于领导力。领导力不是天生的，只有透过不断地学习与磨炼，才能得以提升。

领导者应具有坚定的信念和崇高的使命感，让员工深受感召并为公司之长期发展目标而齐心协力。领导者要对事业充满百分之百的热忱，忘我地投入工作当中，方能成为公司全体员工的榜样。领导者要严格遵守公司的信条或准则，以身作则方能使人信服，发挥领袖的影响力。

领导者要始终铭记：学习是进步的动力，谦虚是吸引力的来源，而独断专行则是失败的同义词。优秀的领导者不但拥有宽广的胸怀，能采纳众议、包容异己、赏识他人，并且深谙信赏必罚的意义，不开后门，不偏护，不姑息养奸。

本章通过松下幸之助独特的人生经验畅谈如何成为一名卓越的领导者。

领导力修炼的十五条原则

在研究松下先生经营哲学的过程中，我非常好奇这样一位受中国哲学思想影响的日本企业家，如何将具有东方哲学色彩的领导力修炼到极致。从松下先生一生的经营功绩中，我试图总结他的“领导力哲学”，并提炼出一代经营之神关于领导力的十五条原则。

原则一：使命原则

> 使命感能带给领导者源源不竭的力量。他不仅要将使命感牢记于心，还要将其传递给他人，激发大家的热忱。

1932 年 5 月 5 日是具有非凡意义的一天，松下先生召集全体员工齐聚一堂，明确提出了著名的“产业人的使命”，即消除贫困，造福社会，为人民建立起幸福的乐园。1932 年被称为松下电器的“创业使命元年”，5 月 5 日也被定义为“创业纪念日”。自此以后，松下人找到了自己源源不竭的力量，找到了努力和奋斗的方向。

我们无法用语言来形容对使命感的领悟有多困难，即便是松下幸之助，尽管他的创业之旅始于 1918 年，但在前面的 14 年时间里，他一直无法找到自己真正的使命。寻找使命之旅是痛苦和艰难的，但找到使命是幸福的。企业的使命不仅关系到领导者个人价值的实现，更关系到全体员工的命运。

从松下幸之助的故事中，我们可以看到：一名伟大的领导者需要为企业找到崇高的使命，这种使命超越了世俗意义上的名利，是一种纯粹的信仰，这种信仰如同黑暗当中的一盏明灯，给人以前进的力量。

“使命原则”的力量

当你找到自己内心使命的时候，那是你内心充满力量的时候，这种力量会影响团队，影响身边的人，也会让你的事业飞跃式地成长。

原则二：热忱原则

> “热忱”是取得成功的第一步，也是至关重要的一个因素。

松下幸之助常说，经营要获得成功，最重要的是拥有“热忱”。“热忱”是取得成功的第一步，也是至关重要的一个因素。对于企业领导者来说，“高涨的热忱”是领导力的重要体现。

人们很难将松下幸之助的成功归因于某一点，但如果非得列举一项理由，那就是“高涨的热忱”。松下先生曾经总结自己的一生说：“我没有什么文化，身体也比较虚弱。总体而言，我比一般人还要逊色。我这样一个人能领导众人，并在经营上取得一定的成就，就是因为我有热忱。我时刻铭记，在公司经营这件事上，身为社长，我必须比员工更有热忱，这对我而言是最重要的。”

一项科学研究表明，人的一生中大脑只开发了 10% 甚至更少。从这个层面来看，人的潜能是无限的，如何激发人的潜能，唯一的方法就是松下先生所说的“热忱”，凡事越是充满热忱，就越能发挥人们隐藏的能量。

松下先生在用人方面有一个重要的原则叫作“60 分

哲学”。所谓的“60分哲学”，是指人的能力达到60分就够了，但热忱的程度要达到80分。热忱够了，能力是可以无限扩展的。相反，一个人的能力有80分，但热忱仅有60分，这样的人的能力是很难得到提升的，因而他也不是“潜力股”。在这两者之间，松下先生会毫不犹豫地选择前者，他始终相信，一个有热忱的人势必事业有成、人生有成。

作为领导者，不一定要才华横溢、学识渊博，但一定要充满热忱。热忱的领导者能吸引更多优秀的人加入企业，他们的智慧能为企业所用，助力领导者取得成功。

松下幸之助谈“热忱”

热忱是一切的前提，事业的成功与否往往是由做事情的决心和热忱的强弱决定的。碰到问题，如果有非要做成的决心和热情，困难就会迎刃而解。

原则三：远见原则

领导者要有认清时代潮流的眼光，以及预知环境变化的能力，才能想出应对的方法，拥有先声夺人的气势。

对于领导者来说，远见是产生影响力的重要因素之一。领导者必须具备认清大局走向、预知环境变化、提前思考应对方案的能力。领导者对未来的判断关系着企业的发展和员工的前途。

外界普遍认为马达是动力电机厂的产品，不适合生产家电起家的松下电器开发，加之曾经制造马达闻名的奥村、北川两家公司先后破产倒闭。松下先生却坚信使用小型马达是一种必然趋势，未来家家户户一定用得到。于是，松下电器从零开始，通过技术研发和人才培养，最终实现巨大的成功。

1950 年后，世界经济开始恢复。松下先生看到了经济全球化的趋势和机会，他向员工提出要以“重新开业”的心态开拓海外事业。1951 年 1 月，松下先生的第一次赴美考察极大地开拓了视野。10 月，他飞往欧洲，在考察荷兰飞利浦公司后决定与之进行合作。这一项合作最终让松下电器的整体技术水平达到了世界水准。1979 年，松下先生访问中国，在大多数日本企业看不懂中国的时候，松下先生毅然决定进入中国市场，这种敢为人先的气魄使得松下电器成为首批参与中国改革开放建设的国际级企业。

不谋万世者，不足谋一时；不谋全局者，不足谋一域。

视野和远见是领导者必备的能力，领导者需要登高望远，以开阔的视野和博大的气度引领企业万古长青。

松下幸之助谈领导者的远见

领导者不可拘泥于眼前的枝节小事，必须着眼于大局，这是非常重要的。在众多选择和事务中，领导者需要分得出什么是最重要的，或必须优先解决的。为了大局的圆满，放弃个人的意见或利益，这才是领导者应有的远见和心理准备。

原则四：自省原则

领导者要经常跳出自己的身体，反观自己，检视自己，这样做才能真正地了解自己。

人需要时常自我反省、自我审视，松下先生称这种精神为“自我观照”。身为企业的领导者，每一个决策都决定着企业的生死存亡，都关系着无数员工的前途命运，因而，领导者进行自我观照尤其重要。

松下先生告诫大家，身为领导者，要经常跳出自己的身体，以旁人的视角审视自己，这样才能做到真正地了解自己，不断修炼自己的领导力。作为企业的领导者，平日里工作十分紧张忙碌，较长时间的假期就是领导者最合适的“自省时间”，松下先生在京都有一座小别院，那是他的自省之地。

自省的人会时常思考：我到底有多少力量？我能做多少事？我该做什么？我的缺点在哪里？反复这样自我观照，企业领导者可以避免重大的决策失误。尽管任何人都很难不犯错，但带领一家企业，要尽力做到不犯致命的过错。

自省，更是一种人生境界。松下先生经常说，人要有一颗素直之心，要有端正的态度。数十年来，他始终坚持每日睡觉前自省一个小时，这帮助他及时发现自己的错误，并能够快速地纠正。很多松下电器的员工回忆，白天因工作失误被松下先生狠狠骂了一顿，第二天早晨总是能接到松下先生亲自打来的电话。当听到松下先生说：“我想了想，昨天的事不完全是你的错，我也有责任，对于昨天的事，我向你道歉。”员工心里所有的委屈顿时消失得无影无踪，能够得到松下先生的亲自慰问，大家都备受鼓舞。

有一次，年轻员工A君因为经验不足，导致一批货款无法收到。松下先生勃然大怒，狠狠地骂了A君一顿。回到家后，松下先生一直在思考着白天的事，通过对整件事的复盘，松下先生发现其实自己负有主要责任，因为自己没有经过认真检查就在货款合约上签字。想到这里，松下先生十分懊恼，于是第二天一早就打电话给A君，为昨天的事道歉。这一天恰逢A君乔迁新居，松下先生即刻前往，还亲自帮忙搬家具，累得汗流浃背，A君十分感动。一年后，A君收到松下先生的一张明信片，上面写着："让我们忘记一年前那可恶的一天，重新迎接新的开始吧。"A君感动得热泪盈眶。

类似这样的故事时常发生在松下先生身上。"知耻近乎勇"，这是松下先生自我反省精神的最真实写照。一个人要通过自我反省及时纠正错误，而对于领导者来说，还要建设一个具备自我反省能力的组织。

松下幸之助谈自省

每天睡觉前一小时的自省，有助于发现错误并及时纠正。

原则五：谦逊原则

> 领导者对工作的自信固然重要，但必须建立在谦逊的态度上。

松下先生指出，处于高位的人愈要谨慎。普通员工因有前辈或上级的指正，故较有机会改正错误。而作为高层领导者，很难有人纠错，这时你只能自我反省，并经常自问如何保持谦逊。一旦学会用谦逊的眼光看待周边的人、事、物，你就会慢慢地发掘到他人的长处。

松下先生有一个很好的习惯，就是不管下属和他提什么建议，他都会微笑着说："你讲得真不错，很有道理。"然后他再仔细思考下属的建议是否真的可行。松下先生认为，作为领导者，如果你把别人的话当成"废话"，那就没的说了，一切到此为止，以后也不会有人愿意提出建议或分享信息。而以虚心的态度向别人询问，往往可以得到意想不到的收获。

松下先生提出，经营一家公司，一定要时常以谦逊的心态向其他经营者学习。比如，看了别人的公司，觉得经营得不错，这时，你要主动、真诚地向人家请教。"贵公司的产品研发做得不错，都有哪些好的经验？贵公司的销售做得真好，有什么好的方法吗？”只要不涉及商业机密之类的问题，一般来说，成功的经营者都是乐于分享的。松下先生在创业初期没有什么经验，就是以这样的态度不断请教别人的。

松下先生回忆自己刚开始做生意的故事。那时，他不懂技术，就虚心向懂技术的人请教，后来好不容易开发出一款新产品，但又不知道应该如何定价。松下先生的办法是跑到零售商那里去请教，因为零售商是直接接触消费者的，所以他们清楚什么价格是合适的。松下先生会带着新产品询问：“像这样的商品可以卖多少钱？”零售商都会坦诚地告诉松下先生现在的市场行情，以及他们的定价建议。这样一来，商品会更容易得到消费者的认可。

当然，不是什么事情都能这么简单就得到答案，但松下先生认为“谦逊”“虚心”是基本的原则。虚心接受他人的意见或虚心请教他人，比一个人独自摸索要少出错，也更容易有更好的方法。因而，谦逊是松下先生作为领导者的一项重要的人格修炼，也是他开展众智经营的前提。

松下幸之助保持谦逊的方法

- 认真倾听他人的意见；
- 虚心请教他人；
- 经常自我反省。

原则六：自律原则

> 企业的领导者要比员工更加自律。

为了以身作则，松下先生立下约定，在没有提前申请或是休年假等特殊情况下，绝不迟到。

某年开工的第一天，松下先生站在了梅田地铁站前，等着公司派车来接。然而左等右等都等不到，情急之下，松下先生只得搭上电车。电车刚启动，松下先生就发现公司的专车也来了，于是赶快“跳”下电车，坐上了公司的专车，可惜还是迟到了十几分钟。开工第一天要开早会，全体员工都在等待着松下先生致新年辞，松下先生因为迟到，让所有员工多等了十余分钟。

虽然经查明是公司专车延误的问题，只是一个小小的疏忽，松下先生却十分内疚，深切感到要对所有员工负责，更要体现公司制度面前人人平等的理念。他命财务部将负责派车接送的相关人员减薪一个月，而身为社长的他，则以扣减双月薪俸的惩罚来表达歉意，并对“迟到一事”负责。

松下先生后来回忆道：“公司无论大小，只要领导者能够更加自律，并以身作则，那么任何问题都可以迎刃而解。”

“自律原则”是松下幸之助领导力哲学中修炼自我的重要原则之一。个人需要自律才能不断进步，而对于领导者来说，由于没有及时指正或批评自己的人，更加需要自律。

松下幸之助谈自律

- 人们只有保持自律，才能不断进步；
- 领导者应当承担责任，更加需要自律精神；
- 公司制度、原则面前人人平等。

原则七：欣赏原则

> 唯有懂得赏识他人长处的经营者，才能领导更多的人。

作为一名领导者，如果只认为员工这里不好、那里不行，以挑剔的眼光看待员工，不但员工难以做事，久而久之，领导者还会发现周围竟然没有一个可用之人。从员工的角度看，如果总是被否定，员工的情绪必然大受挫折，自信心也会不知不觉消失殆尽。一个人如果总在精神上萎靡不振，即使有再高的能力，也很难发挥了。

倘若领导者以赏识的眼光看待员工的优点，那么员工会因为受鼓励而信心倍增，对于上级交代的工作和任务，也会更加轻松自然地完成。这样，还可以实现更高的工作效率，毕竟，信心是被鼓励出来的。

“领导者绝不能自炫才智，必须明白人的能力是有限的。按照我多年的体会，一个愿意表扬下属长处的领导者，工作推动起来要顺利得多。所以，唯有懂得赏识他人长处的领导者，才能领导更多的人。”

松下先生指出，缺陷不能完全被忽视，领导者必须适当地指正部下的不足。能够以“七分优点、三分缺点”(假设每个员工都有百分之七十的优势、百分之三十的劣势)的视角看待员工的领导者，才是真正能够赏识员工的领导者。

松下先生一向身体羸弱，很多事情都必须交付他人完成，所以他个人的用人哲学就是“七分优点、三分缺点”。他比别人更能做到大胆用人，当然前提条件是能准确地判断员工的优缺点，继而扬长避短。松下先生指出，领导者不要拘泥小节而忽视大事，必须保持认真的状态，定期与员工讨论工作方案。用人也是这样，要清楚了解员工的不足，但不能斤斤计较。要有方法把员工的长处充分发挥起来，这才是真正积极的做法。

松下幸之助的“欣赏原则”

- “七分优点、三分缺点”；
- 辨识员工的优缺点，扬长避短；
- 领导者要学会欣赏并激励他人。

原则八：慈悲原则

> 领导者应怀有悲天悯人的胸襟，并以正义为前提，如此不仅能尽到企业对社会的责任，也能使员工心悦诚服。

“为人君，止于仁”是儒家的为君之道。贤明的君主对百姓有慈悲仁爱之心，百姓才能安居乐业。中国儒家所提倡的“仁”的思想，即慈悲、仁爱之意。作为领导者，要对下属抱有仁爱之心。

仁爱虽然有温柔的一面，但另一面却是严肃的。对待做错了事情的下属，领导者要进行严厉的批评。若出于个人感情，有意包庇纵容，这就是误读了慈悲原则的本质，到头来反倒伤害了下属，也滥用了仁爱之心。所以，唯有凡事以大局公正为基础，该惩罚时惩罚，该奖励时奖励，方才真正明白了慈悲原则的要义。

松下幸之助“慈悲原则”的内涵

- 领导者要有悲天悯人的胸怀；
- 慈悲心的本质是造福社会，为人民带来幸福；
- 慈悲原则应以大局正义为前提。

原则九：赏罚原则

> 一个国家或社会如果不是“信赏必罚”，则人心会逐渐腐化，终至崩溃。不仅国家，企业或是家庭都是如此。

“信赏必罚”出自《韩非子·外储说右上》，意思是有功绩的一定要奖赏，有过错的一定要惩罚。"信赏必罚"历来是治国理政不可缺少的重要手段，唐太宗李世民认为："国家大事，惟赏与罚。"

"信赏必罚"的理念同样适用于现代企业管理，领导者通过合理赏罚来带领团队。对于有功劳的，需要给予与功劳相当的奖励；对于有过失的，就要按公司制度给予处罚。如此一来，组织中的每一个人才能尽心竭力地工作。

"信赏必罚"要遵循两项原则：一是要及时和适度。即赏罚要及时，才能产生积极的效果。大功大赏，小功小赏，大过严惩，小过薄罚。二是要坚持公正公平的原则，赏罚得当。赏罚不能因人而异，更不能徇私，只有公平公正，才能让众人信服。

要真正做到的"信赏必罚"固然很难，可是这一赏罚原则在企业经营的过程中尤为重要，成功的领导者需要把握分寸。

松下幸之助"赏罚原则"的内涵

- 信赏必罚：有功必赏，有过必罚；
- 关注人性复杂而微妙之处；
- 公正无私，注意及时和适度。

原则十：服务原则

> 老板与员工之间尽管依然是雇佣关系，但老板不可以再以完全命令式的方式工作了。

松下幸之助说：“社长必须兼任端茶的工作。”当你听到这句话时候，或许会感到困惑。社长不应该是高高在上的吗？社长不是应该发号施令的吗？

其实，松下先生这句话的意思并不是真的要社长亲自端茶，而是说一位称职的社长至少应该有一种服务员工的公仆心态，这即是领导力当中的“服务原则”。

在松下先生的观念中，领导者并非高高在上，而是站在员工背后推动他们前进的人。随着时代的发展，上下级的观念也在改变。过去，大多数人都承认社长就是老板，而员工是部下，部下必须绝对服从老板的命令，并给予绝对的尊重。然而，时至今日，这种观念有了巨大的改变。领导者不再是让人望而生畏的威权者了，老板与员工之间尽管依然是雇佣关系，但老板不可以再以完全命令式的方式工作了。

松下先生认为：“凡事有商有量，并且领导者要有一种帮助员工、服务员工的心态。”

“服务原则”所延伸出来的是“服务型领导”，这一概念也逐步被企业界所接受。领导者一方面要指明方向，为团队的工作设立目标，一旦目标确定，领导者的角色就要马上转换到服务上，放手让下属做事。此时，领导者最好退居幕后，尽量减少对下属工作的干扰，在他们有需要的时候给予帮助，并在适当的时候替他们端上一杯茶，体谅下属的辛劳。这时候，领导者的服务原则就开始发挥作用了。

领导者其实具有双重角色：既是指挥官或掌舵人，制定全局发展方向和目标，又是服务者，以服务的心态帮助员工实现目标。服务型领导会经常问候员工一句话："我能为你做点什么吗？"他们会不断地追问员工的真正需求，并努力满足这种需求，帮助员工达成目标。

松下幸之助谈“服务原则”

当我有一百名员工时，我站在最前面，身体力行，做个领军人物；

当我有一千名员工时，我站在他们中间，为他们摇旗呐喊；

当我有一万名员工时，我站在他们身后，为他们加油，推动他们，帮助他们；

当我有十万名员工时，我即使想站在后面，也力不从心了，我唯一能做的就是为他们服务。

原则十一：年轻原则

> 唯有天天持续新的活动，青春才会永远属于你。

松下先生说："青春是心的年轻，充满了信念、希望和勇气；唯有天天持续新的活动，青春才会永远属于你。"的确，人们无法阻止时间的流转，无法抵抗身体的日渐衰老，但人们却可以通过努力，保持年轻的状态和清醒的头脑。

松下先生曾讲述推动日本电力事业发展的重要人物松永安左卫门先生的故事。松永先生出生于 1875 年，享年 95 岁，为日本现代电力的发展做出过杰出的贡献，人称"电力之王"。松下先生一直十分敬仰松永先生这样的伟大经营家，也特别渴望能当面向松永先生请教。

1965年的一天，松下先生有幸被某杂志社邀请出席“关于如何开展经营”的对话，对话的另一名主角就是松永先生。松下先生最感兴趣的话题是：松永先生是如何保持精力充沛以及年轻的心态的？

在对话中，松永先生分享了自己的习惯：一是喜欢适量喝点小酒，每次喝得不多，但可以促进消化，身体也会好起来；二是喜欢一个人在庭院散步，他家的庭院和花园设计了多个斜坡，可以起到锻炼的作用；三是保持平和的心态，经历的事情多了，无论遇到什么事，心情都很平静。对话结束的时候，松下先生笑着称呼松永先生为“万年青”。这次见面让松下先生感触良多，他立志要永葆青春与活力。

松下先生70岁的时候，读到了塞缪尔·厄尔曼的《青春》。他特别喜欢这首诗，每日都要拿出来认真朗读，反复咏诵，细细咀嚼，并不停地自我反省，并将其作为自己一生的座右铭。彼时，松下先生依然奋战在经营事业上，每天依然在思考如何在经营上有所突破，工作热忱不比年轻时弱，但总觉得随着年龄的增加，身体似乎也开始衰老了。所以，松下先生时常提醒自己要保持年轻的心态。

“年轻原则”的要诀

- 认识到年轻的心态与年龄无关；
- 保持好奇心和对新事物的热情；
- 接近大自然，寻找灵感和启发；
- 终身学习，保持一颗谦逊之心。

原则十二：创新原则

> 成功的领导者应敏锐地观察世态的变化，以求不断产生新的观念和方法。

对企业来讲，要么创新，要么死亡。企业创新包括很多方面，其中，思维创新占据重要地位。领导者的思维一旦固化，必将招致企业的失败。思维创新是一切创新的基础和前提。

松下先生说：“宇宙的本质是时时刻刻在发展变化的，自然的法则就是进化。一家企业如果始终保持同样的经营方式，最多只能活30年。领导者应该时刻观察世态的变化，根据变化产生新的领导方式，更重要的是，要实行适合新变化的新方法。同样的问题，在不同的时间，解决的方法也会有所不同。”

这就是松下先生的“日日新经营观”，他既是这样想的，也是这样做的，创新观念贯穿于他一生的事业经营当中。

别人贷款需要不动产抵押，别人借银行的钱需要先存款，松下先生却总有毅力劝说银行接受自己提出的合理的创新方法。他没有从众心理，不人云亦云，结果为企业赢得了发展的宝贵资金。当经济危机来袭时，大多数企业以裁员减薪的方式获得生存的机会，松下先生却承诺不裁员、不减薪，并号召全员销售帮助企业渡过难关。

松下先生在与荷兰飞利浦公司合作时，飞利浦公司按照传统做法要收取松下电器技术指导费。松下先生受到启发，对飞利浦公司提出对等的“经营指导费”。飞利浦公司虽然对这一做法闻所未闻，但最终还是接受了松下先生的意见。

创新原则是领导者带领企业实现蜕变的基本原则。常言道，旧地图永远找不到新大陆，唯有创新和变革，才是企业持续经营的唯一出路。

“创新原则”的要诀

- 对企业来讲，要么创新，要么死亡；

- 封闭思维必将导致惨败的结局；
- 新思维、新方法常常带来新的机会；
- 唯有创新和变革，才是企业持续经营的唯一出路。

原则十三：传承原则

> 传承不只是接班人的传承，还有企业经营理念、方针、精神及文化的传承。

1989 年 4 月 27 日，松下幸之助的一生落下了帷幕。5 月 25 日，松下电器与松下集团各企业在大阪枚方市的松下电器体育馆举行了隆重的联合葬礼，约两万人出席了葬礼，对松下幸之助的离世表示哀悼。当天，日本官方新闻专题报道《缅怀松下幸之助》，开场词是松下先生是一位伟大的企业家、思想家和教育家。

在松下先生离开之后，他一手创办的松下电器历经百年风雨，至今依然在世界的商业大舞台上熠熠发光，松下先生的使命、思想和精神通过一代代的继承者得以发扬光大。

领袖级的领导者如何将自身最大的潜力和影响力发挥出来，并对未来产生持续的影响，这就需要掌握“传承原则”。

传承原则的第一项重要工作是寻找并培养接班人。松下幸之助曾两度卸任，顺利实现松下事业的传承。1961年，松下先生决定辞去社长职位，转任会长，这一年他刚好66岁，在公司经营业绩盛况空前的时候，他选择让接班人接棒。1978年，松下电器迎来创业的第60个年头，此时已经83岁高龄的松下先生又以健康为由，辞去了会长之职，只担任公司顾问一职。松下先生两次选择在合适的机会“退出”，让接班人有机会成长和历练，这就是传承。

1977年，松下幸之助在考虑选择松下电器未来的接班人时，打破了传统小家观念，而是一切以大局为重。他放弃了自己的外孙松下正幸，而选择了一位“外人”山下俊彦担任社长。

山下俊彦原本只是一名普通职员，后来被多次提拔，直到进入松下董事局，成为一名董事，在董事局排名第25位。山下俊彦对松下电器内部因循守旧等弊端看得很准，他认识到了“销售的松下”与“科技的索尼”的本质差别和问题的严重性，并主张改革。在松下幸之助眼中，山下俊彦是个经常唱反调的反叛人物，但这不影响他内心对山下俊彦的欣赏和认可。当松下幸之助宣布山下俊彦为社长接班人时，松下董事局及企业界大感意外，松下幸之助没理会多数人的反对，他坚持起用“唱反调”的山下接管松下集团。

松下先生的选择是对的，山下俊彦是他一生用得最恰当的一个人。山下俊彦就任社长第二年就对公司进行改革：首先让公司整体“年轻化”，将公司内超过70岁的四名副社长一并退休；其次是每年进行一次“换血”，重视研发人才的引入，给公司注入新鲜血液，松下电器内部的力量慢慢地强大了起来。松下电器的经营状况也由原来的“守势”迅速转变为“攻势”。五年之后，松下电器的利润总额比山下俊彦上任时的1977年几乎翻了一倍。

山下俊彦的管理才能把处于困境中的松下电器从“老化”的危机中挽救出来，松下电器步入快速发展的新阶段。事实证明松下幸之助选对了继承者，并且做到了“扶上马，送一程”，确保顺利传递交接棒，创造了传承的典范。

不过，传承不只是接班人的传承，还有企业经营理念、方针、精神及文化的传承。松下先生始终注重企业的精神文化建设，很早就提出了“松下七精神”，还通过开办各类学校、商学院、研修中心等，搭建企业传承系统，让松下电器的制度和文化等得以代代传承和发展。

企业传承系统带领松下电器向着250年的长远经营目标迈进。

松下幸之助谈“传承原则”

- 挑选事业的继承人；
- 搭建企业传承系统；
- 最高层面的传承是精神和文化的传承。

原则十四：守信原则

> 领导者的信用是一种强大的力量，也是一种无形的财富。

松下幸之助常常给员工讲述一则故事，故事的主角是中国秦汉时期楚汉争霸中的名将季布。

季布曾效力于西楚霸王项羽，作战骁勇，刘邦曾吃尽了他的苦头。项羽败亡后，刘邦一统天下，立马发布重金悬赏令追捕季布，如果有庇护藏匿者，必诛杀全家。尽管命令如此严苛，还是有人愿意庇护他，甚至为他说情。

季布这个人到底有什么魅力呢？楚国人中广泛流传着“得黄金百斤，不如得季布一诺”的谚语。季布为人仗义，好打抱不平，以信守诺言著称，因而受到敬重。

后来，刘邦果然还是赦免了他，并任命他为郎中。尽管季布接受了在汉朝当官，但依旧保持一贯的作风，守信重承诺，不屈服于权贵，不受别人所左右。因而名气越来越大，官职越来越高，后官至中郎将，成为汉朝最有成就的官员之一。

松下先生通过季布的故事告诉大家：为人之道，最重要的是守信。松下先生认为，领导者的信用是一种强大的力量，也是一种无形的财富。领导者若能得到大家的信任，自然会有许多人愿意追随和效力，那么这样的领导者已经立于不败之地了。相反，如果领导者言而无信，人们会纷纷离去。

在实际经营中，松下先生的“守信”体现在对公司员工、对合作伙伴以及对顾客上，这也被视为松下先生经商成功的“秘诀”之一。

对待员工，松下先生既讲诚信又信任员工。承诺给员工的事情，松下先生都会百分之百做到；只要是有制度的地方，就一切按制度执行，在公司制度面前做到人人平等；松下先生还推行“玻璃式经营”，对全体员工毫无保留地进行技术培训，增强了员工对企业的信任感和归属感。

对待合作伙伴，松下先生一方面要求松下电器要有契约精神，另一方面在和经销商打交道的过程中，非常重视经销商本身的信用度。他认为，如果经销商没选好，势必会毁坏公司形象。在日本银行业界，松下先生是出了名的讲信用，各大银行都很乐意借钱给松下电器，其中松下电器和住友银行保持了多年的合作关系。在全球性经济危机时期，住友银行给予了松下电器最大的支持，帮助松下电器解决了最困难时期的资金问题。松下先生曾坦言："一开始坚持名实相符的信用，等于给自己储备庞大的资金。"

对待顾客，松下先生认为，松下电器对于卖出的所有的商品，一定要关心售后服务问题，好好珍惜每一位顾客的信任，不能心存侥幸，更不能欺骗顾客，否则将会落得身败名裂。

领导者信用的不是一朝一夕间达成的，而是经过漫长的时间积累，通过兑现每一个承诺达成的。然而，信用的破坏却非常容易，前面的积累可能因为一次失信就崩塌，因而领导者更需要小心谨慎，不轻易承诺，一旦承诺就要努力兑现。

松下幸之助谈“守信原则”

- 信用是无形的力量，也是无形的财富；
- 建立信用需要长期积累，失信却很容易；
- 不轻易承诺，一旦承诺就要努力兑现。

原则十五：坚毅原则

> 一旦方向明确，决不可迟疑彷徨，要坚信自己找到的是一条光明之路，人生一定要坚定信念，矢志不渝。

领导力在西方管理学领域被定义为“影响力”，在东方哲学领域，其核心则是“意志力”。何为“意志力”？“意志力”是一个人克服种种困难，向着目标前进的能力。如果上升到精神层面，意志力是我们潜在的、巨大的精神力量，它能帮助我们克服一切困难，到达成功的彼岸。

“身为松下电器的掌舵人，一定要有使公司迅速发展的强烈愿望。那么，必然会有不同领域的人才提供各种专业建议，各类人才也会被吸引而来。”松下先生时常提醒自己，并不断勉励自己。

松下先生还常常告诫松下电器的管理干部："接受公司的教育和指导固然重要，但更重要的是，你们要靠自身的努力，逐步巩固自己的思想体系，坚定自己的理想和信念。"

松下先生在总结自己经商六十余年的经验后表示，尽管也体会过生意兴隆时的喜悦，但更多的是买卖失意时的痛苦记忆。对此，他也曾有过各种各样的想法，但从没有想过放弃。他始终抱着一颗坚定不移的决心，坚定地走到了今天。回过头来看看当年竞争过的同行们，许多人中途退出，早早就忘了自己创业的初衷。松下先生强烈建议，一旦选定了前进的方向，就要坚信自己的选择，坚定自己的意志，竭尽全力地走下去，这一点至关重要。

创业路上，我们常常会迷茫、困惑甚至是恐惧，害怕自己"走错路"或是"走了一条死路"，这种想法常常伴随着创业的整个过程。尽管这种迟疑或迷茫在某种程度上也会成为激励斗志的精神食粮，但大多数时候，是在浪费宝贵的时间。

正如走戈壁一样，既然选择了挑战，选择了前方，就要勇敢地迈出第一步，即便中途产生了"我还能坚持多久"的疑虑，也不能踌躇不决。戈壁精神就是"既然开始了，就决不中途退出。一定要沿着这条路找到光明的未来”。

松下先生奉劝领导者，不到万不得已，尽可能不要从头再来。事业成功的关键是坚定信念，矢志不渝。正如孟子所言：故天将降大任于是人也，必先苦其心志，劳其筋骨，饿其体肤，空乏其身，行拂乱其所为；所以动心忍性，曾益其所不能。

松下幸之助谈“坚毅原则”

- 坚定信念，矢志不渝；
- 既然开始了，就决不中途退出；
- 不到万不得已，尽可能不要从头再来。

东方式领导力哲学

> 东方式领导力更加注重领导者的品格和道德修养，精神层面的要求会高很多。

松下幸之助是一位融合东西方管理思想的企业家。他在东西方文化差异中架起了一座桥梁，帮助我们更好地理解领导力。

毫无疑问，松下幸之助的经营哲学受中国古典哲学影响很大，因而，在研究松下先生的领导力哲学时，我提出了“东方式领导力哲学”的概念。

那么，何谓“东方式领导力哲学”？

“东方式领导力哲学”是指伟大的领导者应该具有宽广的胸襟、正确的观念、坚毅的信念、敏锐的洞察力、果断的决心以及强烈的责任感。东方式领导力更加注重领导者的品格和道德修养，精神层面的要求会高很多。

“领导力修炼的十五条原则”是对松下先生 60 多年经营管理实践的总结，是松下先生作为一位跨时代的伟大领导者的基本修炼原则。事实上，要完全遵循领导力修炼的十五条原则是非常艰难的，然而，这并不影响我将这十五条原则的基本精神总结出来并传递给大家。也许我们终其一生都无法修炼到领导力的最高境界，但我们要有一颗持续修炼直至成功的心。

松下先生还很欣赏老子“无为而治”的思想，他认为“无为而无不为”的内涵十分深刻，其思想和智慧乃是领导者学习的至高境界。“无为”并非撒手不管，“无为”的施行其实有两个先决条件：第一是制度体系和运行机制要完善；第二是人民的基本生活要得到保障，要有饭吃，有衣服穿，有地方住。在此基础上，才可“无为”，否则放任就等于放纵，社会就会陷入混乱。

企业经营亦是如此。松下先生认为，领导者要创立制度，要教育员工，要保证基本的物资供应，还要提升个人道德修养，然后才能做到无为，这是领导者身负的重任。当企业规模还很小的时候，领导者可以轻易关注到每一个人，掌控企业经营的细节；随着企业发展壮大，当领导者越来越无法照顾到企业经营的每个细节时，领导者就应该创立制度、搭建系统、明确分工、形成文化，让企业运营有章可循，有方向指引。否则领导者的无为就会导致企业运行的混乱和低效率。

时代在变，科技在不断进步，各地文化千差万别，然而，无论你从事什么行业，无论你在哪里，你都会发现：真正的领导力原则是能够经得起时间考验的。

从现在开始，你要学会和你的团队分享领导力修炼的十五条原则。正如前面所说的，没有一个领导者能够同时把这十五条原则做好，因此，你需要建立一支优秀的团队共同实践这些原则。

我希望松下幸之助的“东方式领导力哲学”能够帮到你，也期待你持续修炼自身的领导力，追求梦想，追求卓越，实现人生的理想。记住这十五条原则，追随这些原则，人们就会追随你。

最后，在你达到更高的领导力水平之后，不要忘记培养更多的未来领导者，为国家、为社会尽一份力量。

我眼中的松下幸之助

> 松下幸之助是跨越时代的经营者、教育家和思想家。

松下幸之助的一生，求名得名，求利得利，求寿得寿（94岁离世），在人类历史上，像他这样三者兼得的人少之又少。

他所创办的企业——松下电器，在他离世数十年后，依然在世界商业舞台上熠熠生辉，始终位列世界500强企业的前列，这实属罕见。研究历年来世界500强的名单，我们发现，排在前列的企业每十年都有一次大变迁，但是像松下电器这样一家制造型企业，能够在数十年间稳居世界500强榜单的前列，这不得不让人对这家企业产生敬仰及好奇之心。

这家企业基业长青的密码是什么？创始人松下幸之助留给这家企业什么样的精神文化？为何松下幸之助被誉为“跨越时代的经营之神”呢？

跨越时代的经营者

何为经营？何为经营的真谛？

松下幸之助曾经就“经营”问题提出他的思考，他说：“经营，是人类活动的必然现象。只要有人类活动的地方，就有经营。国家需要经营，企业需要经营，家庭需要经营，一个人要完成人生目标，也需要经营。经营，其实就是一种常识，就像雨天撑伞，晴天收伞一样。”松下先生简单朴素的一段话道出了经营的真谛。“雨天撑伞、晴天收伞”是一种常识，听起来很浅显，内涵却十分深刻。经营的本质就是要顺应趋势，遵循天地自然的法则，这便是松下先生的经营之“道”。

松下幸之助的人生与“经营”二字紧紧地扣在一起。早在松下电器的创业初期，松下幸之助就下定决心将公司从家族企业的经营模式逐渐转为现代化的经营模式。1929 年，松下幸之助为松下电器确立了纲领和信条，并明确提出“企业是社会的公器”，即企业不只要盈利，还要兼顾社会责任。

也正是在1929年这一年，松下幸之助遭遇了创业以来的第一次重大危机，但他决定不裁员、不减薪、生产减半、全员销售。松下先生的做法深深地感动了员工，所有员工倾尽全力，松下电器渡过了第一次重大危机。此后，直到他离世，这位“经营之神”遇到了无数风风雨雨，但每次都能力挽狂澜。

假如你了解松下先生的一生，你肯定会感慨，“经营之神”不是天生的，而是在坎坷曲折的人生经历中磨砺出来的。正如松下先生所言，聪明的人是博学的，读了各种各样的书，通过学习变得知识渊博。而越过苦难山丘的次数越多，这个人就越伟大。

如今，外部环境充满不确定性，企业经营遭受多重冲击，松下先生有哪些经验值得我们借鉴呢?

第一，经营者要以积极乐观、永不言败的心态应对困难。

不管外界环境多么严峻，经营者的态度决定了一切。1964年，日本家电产业遭遇了一场大萧条，各家企业都陷入经营危机。此时，已经卸任社长一职的松下幸之助重返经营一线，改革销售制度，带领松下电器成功战胜危机。他此后总结道，厄运之年未必就是悲观之年，它实际上是一个崭新的开始，是值得庆贺的一年。

第二，应对危机始终要依靠“人”，要释放全体员工的能量。

松下幸之助倡导企业要与员工共存亡，企业、员工、客户之间要建立起“共存共荣”的关系。在困难时期，企业经营者要学会“经营人心”，要尽最大努力发挥员工的能量，帮助企业渡过难关。

第三，员工需要精神引领，经营者要明确事业的使命和意义。

越是迷茫和焦虑的时候，越需要精神的引领。松下幸之助是一位成功的激励大师，他以“产业人的使命”明确了松下电器事业的意义，并号召全体员工为此努力奋斗。

松下幸之助还提出250年的经营愿景。在他看来，自松下电器成立之日起，人类社会再经过大概250年可以完全消除贫困，实现真正的繁荣和幸福。250年的经营愿景是伟大的理想，也是全体松下员工的奋斗动力。

第四，要始终保持危机意识，坚持“水坝式经营”。

松下幸之助曾提出影响深远的经营法则“水坝式经营”。水坝的核心功能是储水、调节和转换，水坝式经营可以减少不确定性及周期性震荡对企业经营的冲击，是应对危机的一大法宝。松下幸之助一再强调：任何时候，经营一定要留有余地。

跨越时代的教育家

松下幸之助说："经营即教育，造物先造人，每个企业都是一所大学。"这一经营理念具有跨越时代的先进性。

在日本，松下先生最早提出了"企业教育"概念，并大力推动松下电器的企业教育工作。松下先生认为，企业首先是培养人才的教育机构，然后才是生产经营的场所。这就是"造物先造人"的经营理念。

松下先生还提出企业家要兼具教育家的角色，企业教育要培养"临床家"。学徒经历使松下先生认识到实践性知识的重要性，而"临床家"不仅要掌握理论知识和专业知识，更重要的是要将理论知识应用于企业生产实践和经营实践当中，为企业创造价值。

1936 年，松下先生开办了第一个企业教育场所——松下店员养成所，并亲任所长（校长）。松下店员养成所学制三年，员工一边学习一边工作，这是松下电器企业教育的第一次尝试。此后，松下先生又开办了各类学校和研修中心，1970 年更是创办了以培养销售精英为目标的松下商学院。松下商学院除了教授销售及营销学的专业知识外，还对学员进行价值观、人生观和世界观教育，这是松下电器企业教育的重大突破，为松下电器的发展培养了大量综合型的优秀人才和储备干部。

松下先生还开创了独特的留学制度，包括“社内留学”和“海外留学”两项制度。社内留学制度，是指管理或技术人才可以主动申请到松下电器内部开办的各类学校、学术或专业研修所及教育训练中心学习。海外留学制度，是指松下电器定期选拔并派遣一批管理或技术人才前往先进国家学习深造，学成并考核合格后，回到松下电器即可获得职位提升，继续为公司发展效力。

1979 年，85 岁高龄的松下幸之助斥资约 70 亿日元创办了“松下政经塾”。松下政经塾是松下先生的最后一个“教育梦想”，他希望造就一所培养代表未来政商界精英人才的学校。松下政经塾只招收 35 岁以下、年轻而富有成长潜能的人士，而不是给那些已功成名就的政治家或商界领袖“再镀金”的地方。政经塾采用古典的方式打造精英，学生们每天早上不到 6 点起床，操练剑道，练习书法，吟诵古文校训。每年松下政经塾以极其严苛的方式选拔不到 10 名学生，学生被录取后将接受“三年如一日”的集体生活和“魔鬼般”的高强度训练，其严苛程度不亚于美国的西点军校。松下幸之助一直强调人道精神和终身学习理念，并以此作为松下政经塾学生的毕业信条，他勉励学生通过不断的自我修炼以达到对“人生的出发与回归”在道的层面的理解。

自 1979 年创立至今，松下政经塾已发展了 40 余年，能顺利毕业的校友不过两百余人，这中间诞生了 1 名日本首相、3 位内阁部长及 30 多位国会议员、地方市长，还有如孙正义、柳井正等日本商界领袖。可见，松下政经塾人才培养的成功比例要远高于同类型的其他教育机构。

从松下幸之助一生的教育实践和教育成就看，他是当之无愧的“教育家”，如果拉长时间轴，从历史的角度看，他更应该被称为“跨越时代的教育家”。

跨越时代的思想家

1964 年，美国《生活》杂志如此评价松下幸之助：最卓越的产业人、教育家、思想家、畅销书作者。其中，“思想家”是对松下先生进行透彻分析后做出的最高评价。

松下幸之助从十几岁开始，他的双亲和七个兄姐相继死于疾病，这给他的心灵造成了极大的冲击。此后，他也被确诊为肺结核初期，在那个“得了肺结核就意味着死亡”的年代，松下幸之助做好了死的准备，并开始思考生死的问题和人生的意义，这些思考逐渐形成了他的生死观及人生观，此后更是延展到对人类、对宇宙的思考，进而发展为人类观。松下先生尊重人类的本性，其对“人”的关注深植于他的内心深处，在其经营当中随处可见。

1946 年，松下先生创立了 PHP 研究所，致力于通过“物质和精神两方面的繁荣，实现和平与幸福”，号召人们“为人类更加美好的未来而努力”。松下先生经常思考：“人类社会为何总会陷入这样或那样的不幸与贫困之中？国家之间为何总会有纷争甚至是战争？这难道就是人类社会的命运吗？”松下先生认为绝对不是这样的，他相信人类是被赋予能够实现繁荣、和平与幸福的能力和命运的，松下先生希望能让更多人意识到“人类的天命”。

松下幸之助从中国古典哲学《道德经》中学习了老子的“无为”思想，他提出了自己最重要的哲学思想——“素直之心”。“素直之心”是指一颗不被私利蒙蔽、不受外力影响，看清事物本质、抓住事物规律、广纳万事万物的心。修炼素直之心需要十年、二十年、三十年，甚至是一辈子的时间。

作为松下幸之助的学生，稻盛和夫在“素直之心”的基础上提出了“敬天爱人”的哲学思想。所谓“天”是指宇宙、天道、规律，所谓“人”是指人类、人道、人性。“敬天爱人”的最高境界是天人合一。这与老子的“道”以及松下先生的“素直之心”是一脉相承的。

1989 年 4 月 27 日，松下幸之助逝世。关于死亡，有这样一个说法："每个人都会死两次，第一次是肉体毁灭，第二次是从他人的记忆中消失。"至今，很多人仍会想念松下先生，并继承他的遗训，这正是松下先生依然"活着"的证明。

大时代下的个人使命

过去十余年，我和很多企业家成为朋友，这让我有机会接触和理解企业，理解经营。“企业能够持续成长的基因到底是什么？决定企业家成败的关键又是什么？”这是过去很长时间我一直在思考的问题。

工业文明兴起以来，世界上大多数企业学习的是西方管理，然而，以中国、日本等为代表的东方世界，背后也有一套适配东方文化的管理哲学。假如能把东方哲学和西方管理融为一体，我觉得这将是一件非常棒的事情。

三年前，一次偶然的机会，我接触到了“经营哲学”。京瓷的稻盛和夫老先生提出很多关于经营哲学的实践与思考，其中多次提到了他的启蒙老师——松下电器的创始人松下幸之助。松下幸之助是第一位提出“融合东西方经营哲学”的人，他所开创的“经营哲学”成为企业一代代传承下去的指导思想和精神信仰。我国改革开放中成长起来的第一批企业家，如张瑞敏、李东生等，很多都将松下幸之助视为管理的启蒙老师。

在学习经营哲学的过程中，我找到了自己的使命，那就是研究和分享松下先生的经营哲学，最终开创融合东西方文化的“中国本土管理哲学”。

2021 年年底，我出版了第一本研究著作《攀登者：松下幸之助的经营哲学》。我记得在我完成初稿的时候，机械工业出版社的老师找到了我，他非常兴奋地告诉我：你就是我们要找的人。经过几轮内部研讨，出版社决定引进并打造松下幸之助经营哲学书系。我们相信，经营哲学是未来中国社会、中国企业非常需要的一门学科。

在写完“攀登者”系列第一本书的同时，我规划了 3 ～ 5 年的研究计划。本书是“攀登者”系列的第二本书，主要研究松下幸之助的选人、育人、用人之道，以及松下电器的文化系统和组织制度，最后谈及了领导力的修炼问题。与第一本相比，本书道术结合，不仅有松下先生的哲学思考，也有很多关于松下电器在选人、育人、用人方面的实践方法和工具。

2022 年 7 月，我和我的伙伴们一起创办了华董书院经营塾。这是一个以“推动经营哲学在中国的实践与发展”为使命的学习型组织，而我担任着“领教”的角色，我的工作是将松下幸之助的整套经营哲学梳理出来，将其变成一套经营框架和文化落地系统，然后通过华董书院经营塾的“共修”方式，让更多的企业家、经营者参与进来，开展学习、交流、辩论、实践及分享，最终每一位企业家都能输出自己的经营思考或经营哲学。

哲学回答的是人生的基本问题，经营哲学解决的是企业的基本问题，包括企业为何而生？企业在创造什么样的社会价值？企业要去往哪里？我们所有员工的共同信仰是什么？探索并回答企业的基本问题，清晰、系统、深入地阐明，并通过企业文化系统、组织制度设计等开展实践和落地工作，这就是经营哲学“由虚到实”的过程。

松下先生有两个非常重要的观点：一是经营者是最好的老师，二是每个企业都是一所大学。华董书院经营塾的愿景就是成为一所培养拥有经营哲学思维的企业家学校。这样一群企业家，对内是企业员工成长的老师，对外则是创业导师，能够输出自己宝贵的企业经营实践和管理思想，帮助更多的创业者成功。

最后，我想说我是幸运的。在这个大时代下，我找到了个人的终极使命：终生致力于哲学和经营哲学的研究和传播工作。我想成为一名终生攀登者，在追求终极理想的道路上，一往无前，向上而生！